ウー・ウェンさんちの定番献立

家庭料理が教えてくれる大切なこと

ウー・ウェン

目次

大切な家庭料理をひとまかせにはできません。 4
家族の健康を作りだす台所。いつもきれいにしておきたいのです。 5
基本の鍋は3つだけ。加熱料理のほとんどはウー・ウェンパン＋で。 6
冷蔵庫に何も入っていない状態がふつうです。 8
調味料がどんどん少なくなってきました。 9
献立の作り方。 10
夕食用に買ってくる材料はこれだけ。 12
今日の「献立」、できました。 13

春 spring

献立 1 4
キャベツの回鍋肉 16
卵と岩のりのスープ 17
新玉ねぎのシンプル煮 17
きび入りご飯 14

献立 2 18
たけのことそら豆の炒めもの 20
さわらのウーロン茶蒸し 21

献立 3 22
麻婆豆腐 24
キャベツの甘酢あえ 25
たけのことあさりのスープ 25
新玉ねぎのシンプル煮 17
ご飯

献立 4 26
蒸し豚＋自家製ラー油 28
長ねぎの卵焼き 29

わが家のとっておき 30
こちらも超定番、おすすめです
蒸し鶏・棒々鶏・セロリの葉の卵焼き

献立 5 32
叉焼肉 34
春野菜の蒸しもの 35

わが家のとっておき 36
蒸し野菜は最高！
じゃがバタ・ウー家のポテトサラダ
ウー家のかぼちゃサラダ・かぼちゃサラダサンド

夏 summer

献立 6 38
えびチリ 40
いんげんの炒めもの 41
ザーサイのスープ 41
ご飯

献立 7 42
青椒肉絲 44
レタスのスープ 45

献立 8 46
トマトと豚スペアリブの煮込み 48
押し麦入りご飯 48
なすとみょうがのスープ 49

わが家のとっておき 50
おすすめの無水煮料理＆蒸し煮料理
厚揚げとパプリカの無水煮
レタス丸ごと1個のオイスターソース煮

献立 9 52
焼き餃子 ぜひとも皮から作りましょう 55
とうもろこしと卵のスープ 54
たたききゅうり 54

献立 10 58
担々麺 60
冬瓜のスープ 61

わが家のとっておき 62
お昼は麺！
フルーツトマトのスパゲティ
シンプル焼きそば

★1カップ=200mℓ、大さじ1=15mℓ、小さじ1=5mℓです。
★米の場合1合=180mℓです。

秋 autumn

献立 11 64
いろいろきのこの黒酢炒め 66
牛肉のカリカリ炒め 67
じゃが芋のスープ 66
黒米入りご飯 67

献立 12 68
きのこ鍋 70
小松菜と松の実のあえもの 71
きのこは風に当てましょう 70

献立 13 72
北京酢豚 74
なすのシンプル炒め 75
わかめのみそスープ 75
発芽玄米ご飯 75

献立 14 76
卵炒飯 ていねいにていねいに、10分かけて炒めます 79
長芋のすりおろしスープ 79
ザーサイ
冷凍ご飯は蒸すに限る！ 81

献立 15 82
油淋鶏 84
かぼちゃのごまぶし 85

わが家のとっておき 86
大好きな野菜の揚げもの
ウー家の大学芋風
にんじんの春巻き

冬 winter

献立 16 88
白菜の葉と
大きな肉だんごの鍋 90
白菜の茎の甘酢炒め 91
赤米入りご飯 91

献立 17 92
卵の大鉢蒸し 94
ほうれん草と豚肉のからしあえ 95

わが家のとっておき 96
ほうれん草、おいしく食べましょ！
ほうれん草の葉のごまあえ
ほうれん草の茎の炒めもの

献立 18 98
焼売 100
青梗菜と長ねぎのスープ 100
花豆の煮豆 109

献立 19 102
豚の角煮 104
れんこんとしょうがのスープ 105
はと麦入りご飯 104
スープ上手になりましょう
焦がししょうゆスープ 105

献立 20 106
鶏と大根の無水煮 108
ブロッコリーの
にんにくしょうゆあえ 109
花豆の煮豆 109

索引 110

大切な家庭料理をひとまかせにはできません。

料理をするのはなんのためでしょう？　夫、子ども、両親……家族が元気で気持ちよく今日を過ごせるように、そのために毎日食事を作るのです。

1990年に日本に来て結婚するまで、私は料理をしたことがありませんでした。食事はそれまで北京の母におまかせでしたし、若いときはほかにやることがたくさんありますから、もしも独身で自分ひとりだったら、適当なものをおなかに入れてすませていたんじゃないかしら。でも、家族ができればそうも言っていられません。

食べものが体を作る——。医食同源の考えが根づく中国で生まれ育ったせいか、私の中にはこの思いが強くあります。毎日食べているもので、私たちの生命は営まれている。何を食べているかで、体の調子は大きく変化します。

今は便利な時代ですから、家で料理をしなくても、いろいろな食べものが簡単に手に（おなかかな？）入ります。新発売の食品もどんどん登場し、おいしそうな広告写真に気をひかれることも多いです。だけれど食事＝家族の健康ですから、私はとてもじゃないけれど、食事をひとまかせ、企業まかせにはできないのです。

それに頭や目が何を食べたいかではなくて、体が何を食べたがっているか、それが大事だと思います。「にんじんが食べたい」って何となく思うときには、体がにんじんを求めているし、実際、にんじんの料理を食べるとすごくおいしく感じる。健康に良い証拠ではないでしょうか。

そうした体の声は、テレビコマーシャルの音よりもずっと繊細ですから、よーく耳をすませていないと聞こえてきません。それに今朝や夕べに食べたものをふまえて、体が必要なものを求めるわけですから、食生活がきちんとつながっていないと、体の声は聞こえてこないのです。だから家庭料理というベースを作ることが、とても大事なのです。

料理をしましょう。普通の食材で、シンプルでおいしいおかずを作って、ご飯を食べましょう。家族と一緒に。そんな当たり前の暮らしが、今とても大切に思えます。

家族の健康を作りだす台所。
いつもきれいにしておきたいのです。

台所仕事の始まりと終わりにはいつも、何も出ていない状態です。台所に必要なのはたくさんの道具ではなく、気持ちよく動けるスペース。モノがたくさんあると、掃除も大変で不衛生になりがちです。必要最小限の道具をフルに使って料理を作り、使い終わったら所定の場所に戻す――。この流れができればキッチンはいつもきれい。体に良い食事は、きれいな台所から生まれるのです。

基本の鍋は3つだけ。
加熱料理のほとんどはウー・ウェンパン+で。

ちょっと裏話を。私は10年近く、同じフッ素樹脂加工のフライパンを使い続けていました。1個を使いきると、また同じものを買い求めて。するとあるとき、フライパンを買った店を経由して、北陸アルミニウムの男性が訪ねてきたのです。彼の会社の作るフライパンのどこが良いのか、さらに使い勝手を良くするにはどうしたらいいのか、聞かれるままに答えると「それなら、ウー・ウェンさんが本当に欲しい鍋を一緒に作りましょうよ」と。それで試行錯誤の末にウー・ウェンパンが完成したのが2007年。発売から7年で16万個も売れたそうです。そしてこのたび、軽量化やふたの密閉度などが改良されて、ウー・ウェンパン+にリニューアル。ますます便利な鍋になってくれました。

A・ウー・ウェンパン+

たいていのおかずを、私はウー・ウェンパン+で作っています。「炒める」ことはもちろん、キャベツや麺を「ゆでる」のも、じゃが芋を「蒸す」のも、餃子を「焼く」のも、鶏肉や根菜を「揚げる」のも、野菜や肉をやわらかく「煮る」のも、ウー・ウェンパン+なら手軽に上手にできる。鶏と大根の無水煮のような、うまみと栄養が凝縮される「無水煮料理」も得意です。

そもそも加熱料理全般をひとつでできる鍋が欲しくて、メーカーと一緒に作ったのがウー・ヴェンパン+。わが家の日々の食事は、このお鍋に支えられているのです。

スープやみそ汁を作る湯鍋《タングオ》。土鍋の形と機能をもち、軽くて丈夫なアルミキャスト製の煮鍋《ジュグオ》。この2つの鍋とウー・ウェンパン$^{+}$、合わせて3つの鍋が、わが家の台所で毎日フル稼働しています。

それから大切なのは包丁。私が愛用するのは、中国包丁と、日本の菜切り包丁の良さを合わせ持った切菜刀《チェサイダオ》です。重心のとれた形で、特に野菜がとてもきれいに切れる。この本のあちらこちらでお話していますが、切り方=おいしさ。使い心地の良い包丁は強い味方です。

ウー・ウェンパン$^{+}$、湯鍋、煮鍋、切菜刀など愛用の道具は、北陸アルミニウム株式会社〈ウー・ウェンの台所シリーズ〉で取り扱い。
http://www.wu-wen.com/

YOUKI
焼き豆板醤
冷蔵庫に何も入っていない状態が
ふつうです。

みそ、豆板醤やオイスターソースといった冷蔵保存に向く調味料。卵。自家製の黒酢にんにく（← ざるそばのつゆ、餃子のたれなどに入れると美味）が入っている程度。わが家の冷蔵庫は、ほんとにガランとしています。理由は……9ページ、12ページをお読みください。

調味料がどんどん少なくなってきました。

よく使う基本の調味料は5つ。左から純玄米黒酢(ミツカン)、三ツ星醤油(堀河屋　野村醤油醸造所)、太白胡麻油(竹本油脂株式会社)、粗塩(フランス産や日本産をそのときどきで使用)、酒(呑んでもおいしい日本酒を使用)。

20年あまり主婦をやってきて、私の作る料理はどんどんシンプルになっています。そのことを如実にあらわすのが、調味料の数が少なくなっていること。

わが家の冷蔵庫がガランとしているのは、乾物以外の食材の買い置きをしないことに加え、調味料が圧倒的に少ないせいです。自然の中で力いっぱいに成長した野菜、肉、魚、豆などは、なるべくそのものの味を楽しみたいし、そうでないと私たちの味覚も育たないと思うのです。

シンプル＝素材の力におまかせしましょう、ということ。約20年間、一所懸命に家族の食事作りをし、料理研究家として料理と向き合ってきて、私はようやく素材のおいしさを引き出すコツがわかってきた気がしています。それだから、ほんの少しの塩や油で充分おいしいレシピになっていると思う。

おいしいだけでなく、栄養価は高いけれどカロリー控えめでヘルシーな、家族の健康に良い献立と料理——。ウー・ウェンがたどりついた家庭料理の本当の定番を、この本でご紹介します。

味わいに深みを出してくれる4種類の中国調味料を常備。 左からオイスターソース(李錦記)、化学調味料無添加のガラスープ(YOUKI)、焼き豆板醤(YOUKI)、甜面醤(YOUKI)。

献立の作り方。

私の食事の考え方はすごくシンプル。「ご飯＋おかず＋汁もの（スープ）」の献立が基本です。人間の生きるエネルギーとなるのは炭水化物（ご飯や麺）、まずはこれを主食でしっかり食べる。筋肉など、体づくりのために欠かせないのはたんぱく質（肉、魚、卵、豆類）、これをおかずで食べる。では体調を整えて、健康を維持してくれるものは何かというと……野菜です。野菜はとても大事なの。

野菜は鮮度が第一です。だから私はあれもこれもと欲張らない。その日のうちに食べきることができる1、2種類だけ買ってきます。

多種類の野菜をまとめ買いすれば、すぐには使いきれないから、冷蔵庫に入れておく。当然のこと、冷蔵庫に入れておく時間が長い分だけ鮮度が落ちてしまいます。それに冷蔵庫の中の、あの野菜とあの野菜をどうやって食べようか……と毎日、頭を悩ませなくてはなりません。

だからわが家では、野菜は1、2種類だけ買ってきて、冷蔵庫に入れるひまもなく、新鮮なうちに調理して消滅させて（食べきって）しまうのです。そして翌日は違う新鮮な野菜を食べる。食材のバランスは、1週間単位で考えれば良いのではないでしょうか。

野菜の種類こそ少ないけれど、その代わり量はたくさん使います。レタス丸ごと1個、新玉ねぎ1袋を一度に料理することもあります。すると、淡泊な野菜でも、その野菜の持つうまみが強く感じられる。だから料理に使う調味料がほんの少しで良くなる。また、野菜に火が通る時間は、量が多かろうが少なかろうが、実は一緒です。調理時間のムダがない点でも、一度に1袋調理してしまうような“少品多量”の野菜料理はおすすめです！

と、こんなことも、約20年間の主婦歴（＝料理歴）の中でわかってきた大事なことなのです。

A・ウー・ウェンパン$^{+}$でおかずを作ります。

まずは何を作っていると思いますか？　うちの春の常備菜、「新玉ねぎのシンプル煮」です。新玉ねぎを買ってきたら、私は一度に全部煮てしまいます。冷蔵庫で1週間ぐらい保存できるし、冷たくなったのがまたおいしい。詳しくは17ページでご紹介します。

メインのおかずもウー・ウェンパン$^{+}$で作ります。たとえば、ある夜の主菜はキャベツの回鍋肉《ホイコーロー》。キャベツと豚肉の下ゆでも、炒め合わせるのも、全部ひとつの鍋でできるから、洗いものが少ないのも良いでしょう？

B・湯鍋《タングオ》で作るスープ、献立の名脇役です。

ウー・ウェンパン$^{+}$でおかずを作るかたわらで、湯鍋でスープを作るのが、わが家のいつもの台所の風景。日本のみそ汁のほか、野菜を入れたスープをいろいろ工夫して献立に登場させています。汁ものは低カロリーで満足感があり、献立の足りない栄養を具材で摂ることができる、とても良い料理です。

中国ではスープは食事中に摂る水分なので、味つけは薄めで、だしも必ずしも使わなくても良いという考えです。海藻や漬物などの具材のうまみを活かして汁ものを作ったり、しょうゆをジュッと焦がしたところに湯を注いでスープに仕立てたり。目からうろこの、簡単でおいしいスープがたくさんあります。

C・煮鍋《ジュグオ》でご飯を香ばしく炊くことも。

ご飯は炊飯器で炊くこともあるし、香ばしいおこげが食べたくて煮鍋で炊くこともあります。白米のほか、玄米、きび、麦、はと麦、赤米入りのご飯にすることも多いです。毎日食べる主食で、少しでもビタミンや食物繊維、ミネラルを採りたいという思いからです。

きび入りご飯

米1½合、きび½合を合わせて洗い、水けをきって煮鍋に入れる。水2合分(360mℓ)を加え、ふたをして強火にかける。煮立ったらそのまま強火で5分、弱火でさらに10分煮、火を止めて10分ほど蒸らす。

この本では、直径28cm、深さ8cmの「ウー・ウェンパン$^{+}$」を使用しています。(スープ鍋は「湯鍋」、土鍋のかわりに「煮鍋」を使用。)
もちろん、お手持ちの鍋でも調理ができます。

夕食用に買ってくる材料はこれだけ。

ある春の日。家族の夕食を作るために買ってきた材料は……1袋の新玉ねぎ、キャベツ1個、豚肉しょうが焼き用1パック。これだけです。本当にその日に食べる食材だけを2～3種類買ってくる。だから、わが家の冷蔵庫にはものが入っていないのです。

そして、今夜の献立は……。キャベツの回鍋肉《ホイコーロー》、卵と岩のりのスープ、新玉ねぎのシンプル煮、きび入りご飯。ウー・ウェン流の一汁二菜。季節の恵みを採り入れた、健康的で飽きの来ない、家庭料理だからこその「献立」です。

献立 1

キャベツの回鍋肉
卵と岩のりのスープ
新玉ねぎのシンプル煮
きび入りご飯

キャベツの回鍋肉《ホイコーロー》

きび入りご飯

新玉ねぎのシンプル煮

卵と岩のりのスープ

春 spring

ぴかっとした新玉ねぎ、翡翠《ひすい》色の新キャベツやそら豆、琥珀《こはく》色のたけのこ……。春の野菜は、まるでやわらかな宝石のよう。そのみずみずしさ、若々しさ、甘さやほろ苦さが、冬の間にたまった体の毒素を外に出し、停滞していたエネルギーを活性化してくれます。貝、海藻、卵も旬を迎えておいしくなるし、ビタミン豊富な豚肉も春から夏にかけて食べたい食材です。それらをどんなふうに調理して、毎日の食卓に登場させるかというと……。次からのページで、日々の献立の作り方をご紹介します。

キャベツの回鍋肉《ホイコーロー》

材料(2～3人分)

豚肉しょうが焼き用　250g
春キャベツ　250g
こしょう　少々
片栗粉　小さじ½
太白ごま油　大さじ1
赤唐辛子　1～2本
長ねぎの薄切り　10cm分
合わせ調味料
　みそ　大さじ1
　甜麺醤《テンメンジャン》　大さじ½
　酒　大さじ1

作り方

1　豚肉は半分程度に食べやすく切る。キャベツは大きめの一口大に切る。

2　鍋に湯を沸かし、キャベツを2枚ぐらいずつ、しゃぶしゃぶと湯の中で泳がせ、色が変わった瞬間に網にあげて水けをきる。

3　同じ湯で豚肉をゆでる。豚肉は一度に全量を入れ、湯が再び沸騰してから2分ほどゆでる。水けをきってバットに移し、こしょう、片栗粉を全体にまぶす。

4　炒め鍋に太白ごま油、粗くちぎった赤唐辛子(種ごとでOK)を入れて、中火にかける。香りが立ったら長ねぎを入れて、さらに香りが出たところで豚肉を加えて炒める。

5　豚肉の表面の片栗粉に油がなじんだら、合わせ調味料を鍋肌に入れる。香りが立ったら、調味料を肉にからめるように炒める。

6　キャベツを加えて炒め合わせる。

★厚めの肉で作るのがおいしい。

キャベツは最後に加えて、フレッシュに味わいます

ご飯にとってもよく合うおかずです。豚肉もキャベツも下ゆでして、炒める前に“火の通り具合い”を揃えておくのがコツ。「回鍋肉」という名前には、ゆでた肉を再び鍋に戻して炒める、つまり鍋に回帰させる——という意味があるのです。ゆでることで、肉はアクや余分な脂が落ちてすっきりするし、キャベツは色鮮やかになって、かさが減るから炒めやすくなります。

豚肉に少量の片栗粉をまぶすと、片栗粉が油となじんでのりの役割をしてくれる。調味料がきれいにからんで、肉にしっかりとおいしい味がつくわけです。そこへキャベツを加えて、炒め合わせます。炒めるというより、“加熱できるボウル”（＝炒め鍋）の中で、豚肉とキャベツをあえるような感覚です。キャベツの水分が調味料をのばしてくれて、全体がひとつにまとまれば完成。おいしいですよー。

新玉ねぎのシンプル煮

材料(作りやすい分量)
新玉ねぎ　8個
水・酒　各1カップ
粗びき黒こしょう　小さじ⅓
粗塩　小さじ½

作り方
1　新玉ねぎは上下のへたと根部分を切り落として、皮をむく。
2　鍋に新玉ねぎと水、酒、粗びき黒こしょうを入れて火にかける。煮立ったらふたをして、中火で5分、弱火で15分煮る。
3　粗塩を加え、ひと煮立ちしたら火を止めて、そのまま冷ます。

一度にたくさん煮るから、とろり甘くなる!

出初めからなくなるまで、わが家で毎日いただいている新玉ねぎの常備菜です。1袋全部、玉ねぎを一度に煮てしまいます。ひとつ煮るのも8つ煮るのも、やわらかくなる時間は同じ。それに素材の量が多ければ、その分、素材から出るうまみも多いわけです。水で煮た玉ねぎも自分たち(?)の凝縮されたうまみで、いっそうおいしくなるんです!

ほとんど味をつけずに煮ますので、食べるときにかつおぶしをかけたり、ごま油やオリーブオイルやラー油をかけたり。粗塩、しょうゆ、ポン酢、ゆずこしょう等々、味つけはその日の気分でご自由に。"血液さらさら"で人気の玉ねぎですが、気の流れをスムーズにして体調をよくする効果も大。どうぞ召し上がれ。

卵と岩のりのスープ

材料(2～3人分)
岩のり(乾物)　5g
卵　1個
水　4カップ
塩　小さじ½
こしょう　少々
ごま油　大さじ1

作り方

1　鍋に分量の水、岩のりを入れて火にかけ、煮立ってから1～2分煮る。
2　塩で調味し、煮立ったところへ、溶いた卵を箸をつたわせて流し入れる。強火による対流の力が卵をのばしてくれるので、かき混ぜないこと。
3　30秒ぐらいおいて、卵がしっかり固まったら、こしょう、ごま油で香りをつける。

だしいらずのスープを味方につけましょう

必ずしもだしをとらなくても構いません。うまみとミネラル豊富な岩のりなどを使って、簡単においしいスープを作りましょう。もっとお気軽に汁ものを――私はそうご提案したいです。

献立 2

たけのこと
そら豆の炒めもの

さわらの
ウーロン茶蒸し

春らんまん。中国で定番の組み合わせ

たけのことそら豆の炒めもの

淡泊な白身魚をお茶の香りで包んで

さわらのウーロン茶蒸し

たけのことそら豆の炒めもの

材料(2～3人分)
たけのこ(ゆでたもの)　250g
そら豆　正味150g
太白ごま油　大さじ1
酒　大さじ2
こしょう　少々
粗塩　小さじ⅕

作り方

1　ゆでたけのこは縦½に切り、さらに½、さらに½……と太い部分が1cm厚さになるまで等分に切っていく。

2　そら豆は薄皮をむく。

3　炒め鍋に太白ごま油をひき、たけのこを並べ入れて強めの中火にかける。さわらずにそのままじっくり焼き、たけのこから水分がにじみ出てきたら火を弱めにして、水分を飛ばすようにさらにじりじりと焼く。焦げ目がついたら箸で返し、裏面もじっくりと焼く。

4　そら豆を加え、軽く鍋返しをして豆に油をなじませる。

5　酒をふって強火にし、酒が蒸気になったらふたをして、1分ほど蒸し焼きにする。

6　粗塩、こしょうで味をととのえる。

さわらないで、
じりじりと焼くのがおいしい

故郷の北京や、たけのこの産地の四川省では、本当にポピュラーな春の家庭料理です。ぐんぐんと成長するたけのこの“茎”のパワーと、ふっくらとした豆の取り合わせが、何ともいえず豊かな気持ちにさせてくれます。たけのこにはデトックス効果があって、たんぱく質が豊富で、それでいてカロリーが低い。食物繊維も豊富で整腸効果もあります。

たけのこは菜箸などであまりさわらないこと。鍋中に“放置”して、しばらくの間は観察するだけにしてください。こうして水分を蒸発させながら、焼き色がつくまでじっくりと火を通すことで、甘い香りと香ばしさが出て、何ともいえないおいしさになります。

同じ食卓にしょうゆ味のおかずがあるときは、塩だけのシンプルな調味がいいですね。そうでない場合は、この料理をしょうゆで味つけするのもおすすめ。また、細かく切った野沢菜や高菜（＝発酵した漬物）を一緒に炒めるのも私の大好物です。どちらもぜひお試しください。

さわらのウーロン茶蒸し

材料(2～3人分)
さわら　2～3切れ
下味
　こしょう　少々
　粗塩　小さじ⅓
上新粉　大さじ1
ウーロン茶葉　15g
たれ
　しょうゆ　大さじ1½
　黒酢　大さじ1½
　ごま油　大さじ1

作り方

1　ウーロン茶葉はボウルに入れ、ひたひたの熱湯を注いでふたをし、10分ほどおいてふやかす。

2　さわらはひと切れを半分に切り分け、下味をつけて約10分おく。

3　魚から水分が出たところへ上新粉をふりかけ、魚にしっかりまぶしつけて、余分な粉を落とす。

4　蒸し器のトレーに蒸し紙を敷き、**1**の茶葉の半量を敷く。この上にさわらを並べ、上に茶葉を散らし、すき間にも茶葉を詰める。

5　**4**を蒸気の上がった鍋にのせ、ふたをして強火で5分蒸し、火を止めて5分おく。たれをつけていただく。

蒸すことで、お茶の香りを充満させます

新茶を飲み、新茶を料理に使うことは、春の訪れをよろこぶ中国の大事な習慣です。ウーロン茶の葉で蒸した白身魚が食卓に登場するや、薫風のごとき香りが広がって……何ともすがすがしい気分になります。黒酢しょうゆのたれをつけて、どうぞ茶葉も一緒に召し上がってくださいね。

さわらにまぶした上新粉は元がお米ですから、水分の吸収がよく、熱が加わることで、どんどん強くなる性質があります。それで、茶葉を魚に接着させる役目をしてくれるわけです。蒸し時間は５分。火を止めて５分。余熱で魚にやさしーく火を通し、うまみを落ちつかせる。これがおいしさのポイントです。

春はさわらですが、冬なら寒ぶりなどの青背魚で作っても。青背のくせをお茶の香りが中和させてくれて、これもまたさっぱりとおいしくいただけます。

献立 3

麻婆豆腐
キャベツの甘酢あえ
たけのことあさりのスープ
新玉ねぎのシンプル煮
ご飯

本場·四川省由来のピリ辛レシピ。
ご飯にのせて食べたい！

麻婆豆腐

新玉ねぎのシンプル煮(→P17)

みずみずしさが口にひろがる
キャベツの甘酢あえ

春をいただく一碗
たけのことあさりのスープ

麻婆豆腐

材料(2～3人分)
木綿豆腐　1丁(300～400gのもの)
牛薄切り肉　100g
長ねぎの青いところ(わけぎ、九条ねぎなどでも)　適量
豆豉《トウチ》　15g
太白ごま油　大さじ1½
酒　大さじ1
豆板醤《トウバンジャン》　大さじ½
しょうゆ　大さじ1
スープ
　鶏ガラスープの素　小さじ½
　水　カップ½
水溶き片栗粉
　片栗粉　大さじ½
　水　大さじ2
花椒粉《ホワジャオフェン》　小さじ⅓

作り方

1　豆腐は2㎝角に切ってざるにのせ、10～15分おいて水けをきる。

2　牛肉は細かくきざむ。長ねぎは小口切りにする。豆豉はみじん切りにする。

3　炒め鍋に太白ごま油と牛肉を入れて火にかけ、肉の色が変わり、じわじわと脂がにじみ出てくるまで充分に炒める。

4　酒をふり、酒が蒸気になったところで、鍋の中央をあけて豆豉を入れ、香りが立つまで炒める。次に豆板醤を入れて香りが立つまで炒めたら、しょうゆを加えてよく混ぜ、煮立たせる。

5　豆腐を加え、くずさないように鍋返しをして味をからめる。豆腐をなるべくくずしたくないので、豆腐に直にあたらないようにスープを注ぎ入れる。煮立ったら弱火にして、ふたをして10分煮る。

6　水溶き片栗粉を回し入れて、ざっくり混ぜる。火を止めて長ねぎを加え、仕上げに花椒粉をふる。

ベースを作ってから、豆腐に味をしみ込ませます

わが家の麻婆豆腐は、四川省成都にある麻婆豆腐発祥の店のレシピに近いもの。おいしさの決め手は、四川名産の花椒《ホワジャオ》と豆豉《トウチ》です。なじみのない方も、ぜひ使ってみてほしいです。

花椒は中国の山椒で、瓶入りの実を買うのがおすすめ。使うたびに軽く煎ってからすりつぶすと、うっとりするさわやかな香りが立ちのぼります(こういうひと手間がかけられるのも家庭料理の良さです!)。豆豉は黒豆を発酵させた調味料で、料理に加えることで味にグンと深みが増します。

日本では豆腐から水分が抜けて“す”が立つのを嫌いますが、麻婆豆腐は牛肉や調味料で作ったうまみのベースを、豆腐の“す”にしみ込ませる煮もの料理。調理前にある程度の水分が抜けていたほうがいいので、「麻婆豆腐を作ろう」と思ったら、すぐに豆腐を切ってざるに入れておきましょう。

花椒粉

花椒は使うつど、実を煎ってつぶすのがおすすめ。香りが違います!

1　炒め鍋に花椒を入れて、強めの中火にかける。たまにゆすりながら、紫色だった花椒が黒っぽくなってくるまで、から煎りする。

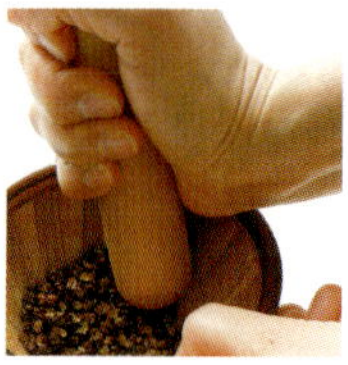

2　粗熱がとれたら、すりつぶす。

キャベツの甘酢あえ

材料(2～3人分)
春キャベツ　250g(½個)
合わせ調味料
　黒酢　大さじ2
　はちみつ　大さじ1
　粗塩　小さじ⅓
　こしょう　少々
　ごま油　大さじ1

作り方
1　キャベツは縦半分に切り、真ん中の軸を切り落とす。
2　キャベツの切り口を下にしてトレーにのせ、蒸気の上がった蒸し器にのせて、ふたをして2分蒸す。
3　粗熱がとれたら、キャベツを縦半分に切り、端から幅3cmぐらいの大きさに食べやすく切る。

4　合わせ調味料であえる。

たけのことあさりのスープ

材料(2～3人分)
たけのこ(ゆでたもの)　150g
あさり(砂出ししたもの)　250g
太白ごま油　大さじ1
酒　大さじ3
水　4カップ
粗塩　小さじ⅕
こしょう　少々

作り方
1　あさりは殻と殻をこすり合わせるようにして洗い、水けをきる。たけのこは粗みじんに切る。
2　鍋にあさりを入れ、太白ごま油、酒を入れてふたをし、強火にかける。約2分蒸し煮にして、パチパチという音がしてあさりの口が全部開いたら、分量の水を加える。
3　たけのこも加え、煮立ってからさらに5分煮て、粗塩、こしょうで味をととのえる。

少し加熱するとたくさん食べられる

野菜は生のままだとかさが多くて、実際には量をあまり食べられません。ですからあえものも、野菜を蒸したり、ゆでたりして、加熱して作ることをおすすめします。

少し加熱するだけで、キャベツもレタスもかさが減るし、口の中でモソモソしないし、何より野菜の甘みが引き出されてグンと食べやすくなります。

キャベツのおいしさをしっかり味わえるあえもの、お客さまにもいつも好評です。

あさりの口が開いてから、水を

春に旬を迎えて、ぷっくりと大きくなるあさりをスープでいただきましょう。まずは酒とごま油で蒸し煮にして、貝の口が開いてうまみが充分に出たところで、水を加えて煮ます。これも“だしいらず”でとっても良い味の出るスープです。

献立 4

蒸し豚
＋自家製ラー油

長ねぎの卵焼き

ふっくらでジューシー。
まずはできたてを自家製ラー油で味わって

蒸し豚＋自家製ラー油

お母さんの作る“幸せ”の味

長ねぎの卵焼き

蒸し豚

材料(作りやすい分量)
豚肩ロース肉かたまり　800g
粗塩　大さじ2
つけ合わせ
｜大葉、みつば、万能ねぎ　各適宜
自家製ラー油、しょうゆ、甜麺醤《テンメンジャン》
各適宜

作り方

1　豚肉は3等分に切り分け、粗塩をまぶす。

2　ラップをかけて、冷蔵庫にひと晩おく。

3　蒸し器のトレーに蒸し紙を敷き、**2**の豚肉をラップをはずして並べる。蒸気の上がった鍋にのせ、ふたをして強火で30分蒸す。

4　火を止め、ふたをしたまま20分おく。

5　粗熱がとれたら食べやすくスライスして、つけ合わせの野菜と共に器に盛る。ラー油、しょうゆ、甜麺醤など、好みの味つけでいただく。

★残った蒸し豚はラップで包み、冷蔵庫で保存を。いろいろな料理に使える。

蒸すと、ふっくら！

うまみが外に出ず、肉の中に封じ込められるし、蒸気でじわじわと火が入るので、中までふっくらやわらかい。蒸し豚はぜひ、定番に加えていただきたい料理です。

まずは蒸したてをスライスして、香味野菜と一緒にいただきましょう。いくらでも食べられそうなおいしさで、さっぱりとヘルシーなのもうれしい。見た目がゴージャスですし、あらかじめ作っておけるので、おもてなしにも最適です。

ラップに包み、保存容器や保存用ポリ袋に入れて、冷蔵庫で5日間ぐらい保存が可能。これがあれば、叉焼肉《チャーシュー》(P32・34)もあっという間にできます。回鍋肉《ホイコーロー》(P15・16)も蒸し豚で作るとカンタンでおいしい。とにかく便利なのです。

自家製ラー油

ラー油は本来、乾燥野菜である唐辛子を食べるもの。手作りラー油で、辛さの奥にある唐辛子の甘さやうまみを味わってください。

一味唐辛子は韓国食材店で売っている粗びき唐辛子など、辛味のマイルドなものを使います。作りおくのではなく、少量ずつ作って早めに食べきるのがおいしい。北京の母は、そのときに食べる分だけのラー油をお玉で作っていたくらいです。

作り方

1　一味唐辛子大さじ3に水大さじ1を加え、箸でよく混ぜる。乾物→しめった野菜にもどすつもりで、唐辛子に水をできるかぎり吸収させる。

2　炒め鍋にごま油大さじ3と**1**を入れ、よく混ぜて、油と唐辛子を充分になじませる。

3　中火にかけて、たえず箸で混ぜながら加熱する。

4　ふつふつと煮立ってきたら火を弱め、水分がなくなり、さらりとして香りが立ってきたらすぐに火を止める。余熱で火が通りすぎると風味が落ちるので、すぐに別の容器に移す。

長ねぎの卵焼き

材料(2～3人分)
卵　3個
長ねぎ　1本
粗塩　小さじ⅕
こしょう　少々
太白ごま油　大さじ1½

作り方

1　卵はボウルに割り入れてほぐし、粗塩、こしょうで味つけする。長ねぎを斜め薄切りにして卵に加え、よく混ぜる。

2　炒め鍋に太白ごま油を温める。鍋を回転させて油がくるりと早く回るようになったら、火を弱めて中火程度にし、1を流し入れる。卵が固まってきたら、箸でザッと人数分に分ける。

3　分けた卵のそれぞれを一度裏返す。このとき、中央から箸を入れ、鍋のカーブを使って返すとうまくいく。

4　火を弱め、卵がふんわりするまで、箸などであまりさわらずにゆっくりと焼く。

5　さわってみて卵がしっかりしてきたら、もう一度ひっくり返す。卵と長ねぎに完全に火が通り、こんがりと焼き色がつくまでじっくり焼く。

★ゆっくり焼いた卵焼きは、冷めても“ふっくら”が長持ち。お弁当のおかずにも◎。

さわらずに、ゆっくりじっくり焼きます

ゆっくりじっくり火を通した、ねぎの香りと甘みはごちそうです。それを包み込んだ、卵の甘みとやわらかさもごちそうです。買い物に行く時間がないときにも、家計がピンチなときにも、台所にある材料でできる、これは家庭料理のごちそうなんです。

簡単そうだから、「すごく早くできる」と思うのは間違い。弱火のやさしい火加減で、菜箸などでコチョコチョさわらずに、やさしく見守るようにして、卵にふんわりと火が通るのを待つ。長ねぎにじわじわと火が通るのを待つ。「待つ」ことも料理のうちです。せっかく素材が自分でおいしくなろうとしているのを、下手に手を出して邪魔するのはやめましょう。だから私はいつも思うのです、料理は子育てとすごく似ている、って。

わが家のとっておき　こちらも超定番、おすすめです

蒸し鶏

材料（作りやすい分量）
鶏もも肉　3枚
酒　大さじ2
こしょう　少々

作り方
1　ウー・ウェンパン+にたっぷりの湯を沸かす。
2　鶏肉にこしょう、酒をふり、皮を上にしてロール状に丸める。蒸し紙を敷いたスチームトレーに並べる。
3　蒸気の上がったウー・ウェンパン+に2をのせ、ふたをして中火で12～15分蒸す。
★保存容器や保存用ポリ袋に入れて、冷蔵庫で3～5日間保存が可能。

棒々鶏《バンバンジー》

材料（2～3人分）
蒸し鶏　鶏もも肉1枚分
クレソン　1束
たれ
　練りごま（白）　大さじ1½
　黒酢　大さじ1
　しょうゆ　大さじ1
　こしょう　少々

作り方
1　蒸し鶏は薄くスライスして、たれをかけてあえる。
2　クレソンは食べやすく切る。
3　1に2を加え、サッとあえて器に盛りつける。

「蒸し鶏」を作ろう

蒸し豚（P28）を作ってみて、蒸しものが思ったより簡単に、そして何よりおいしくできることに驚かれたと思います。ドーム型のふたが蒸気をたっぷりため込むから、温度が一定に保たれる。高温の豊かな蒸気で包み込むように加熱するから、うまみがギュッと閉じ込められ、ウー・ウェンパン+で作る蒸しものはひときわジューシーなのです。

蒸し鶏もおすすめです。冷蔵庫で保存できるし、鶏もも肉1枚でも3枚でも蒸し時間は同じですので、一度に多めに蒸しましょう。蒸し豚と同じく、蒸したてをスライスして食べるほか、サンドイッチやうどんの具にしたり、ご飯にのせてたれをかけて丼ものにしたりと、食べ方いろいろ！

蒸し鶏の料理といえば棒々鶏ですよね。きゅうりやトマトが添えられ、ごまだれが上にかかっているものだけが棒々鶏と思わないでください。スライスした蒸し鶏を、黒酢を利かせたさっぱり味のたれであえて、クレソンや万能ねぎとサッと合わせる。こんなサラダ感覚のおかずが、わが家の棒々鶏。ふだんのご飯の"おかず"なのです。

セロリの葉の卵焼き

材料（2〜3人分）
卵　3個
セロリの葉　2本分
粗塩　小さじ⅙
こしょう　少々
太白ごま油　大さじ1½

作り方
1　卵をボウルに割り入れ、粗塩、こしょうを入れてよくほぐす。みじん切りにしたセロリの葉を混ぜる。
2　ウー・ウェンパン+に太白ごま油を温める（卵液を入れたときに、すぐにジュッと固まるような高温ではなく、鍋を回転させると油がスムーズに回るぐらいの温度）。弱めの中火にして1を流し入れる。
3　さわらずにしばらく待って、下側が少し固まりだしたら、箸で人数分に分ける。
4　卵がちゃんと固まって、セロリの葉の香りがしてきたら、ひっくり返す。
5　さらに火を弱めて、もう箸でさわらずにじっくり焼く。

卵焼きをマスターしよう

長ねぎの卵焼き（P29）はみんなが大好きなのに、「うまく作れない」という声も多いです。きっと、みなさんは急ぎすぎていると思う。卵液をウー・ウェンパン+に入れたら、あとは火と時間におまかせ。さわらず、あせらず、じっくりと火を通すのがコツです。中に入れた野菜の水分が引き出されるから、じっくり焼いた卵が固くならず、ふっくらできあがるのがこの卵焼きなんです。

私はセロリの葉っぱ入りの卵焼きもよく作ります。とってもおいしいの。セロリの葉の使い道に困ったら、卵焼き作りのレッスンの意味でも、これを作っていただきたいです。

献立 5
叉焼肉
春野菜の蒸しもの

ご飯のおかずにも、ビールのお供にも大人気

叉焼肉《チャーシュー》

蒸すとホントに野菜が甘くなる！

春野菜の蒸しもの

叉焼肉《チャーシュー》

材料（2～3人分）
蒸し豚　P28で作ったものひとかたまり
合わせ調味料
- しょうゆ　大さじ2
- 黒酢　大さじ1
- はちみつ　大さじ1
- 酒　大さじ4
- ごま油　大さじ½

サラダ菜　1袋

作り方

1　合わせ調味料、蒸し豚を炒め鍋に入れて弱火にかけ、ふたをして5～6分温める。

2　ふたを取って火を少し強め、たれを煮詰めながら味をからめていく。

3　鍋を傾けてへりのカーブを利用しながら、煮汁で肉を包み込むようにして煮詰める。

4　箸で肉を転がしながら、たれがなくなるまでしっかりと味をからめる。

5　粗熱がとれたら食べやすくスライスして、肉が乾かないようにサラダ菜と交互に器に盛り合わせる。

冷蔵庫に蒸し豚があれば
ものの10分で完成

育ち盛りの子を持つお母さんは本当に大変！　ましてや、急にお友達を連れてこられたら、思わず冷蔵庫に何かあったかしら……なんて内心焦ってしまいませんか。

しかし急な来襲（？）のときにも、私は決してあわてません。冷蔵庫からおもむろに蒸し豚を取り出し、炒め鍋に調味料と共に入れて弱火にかけます。肉の芯まで温まったらふたをとり、甘辛のたれをじゅわじゅわとからめて……。所要時間10分で、みんなの大好きな叉焼肉のできあがり。蒸し豚→叉焼肉の応用レシピ、一度覚えると重宝しますよ。

春野菜の蒸しもの

材料(2～3人分)
新にんじん　1本
新ごぼう　1本
アスパラガス　4本
砂糖さや(またはスナップえんどう)
　100g
自家製ラー油(P28)、粗塩　各適宜

作り方

1　にんじんは皮をむいて、斜めに1cm厚さに切る。ごぼうは皮をのぞき、包丁の腹で軽くたたきつぶしてから5cm長さに切る。

2　アスパラガスは下の硬い皮をむき、二等分の長さに切る。砂糖さやはお尻の先端を包丁で切り、そのまま筋をスーッと取って、へたを切ったら今度はそのまま逆側の筋をスーッと取る。

3　蒸し器のトレーの半分のスペースに、にんじん、ごぼうをのせる。

4　蒸気の上がった鍋に、**3**のトレーをのせ、ふたをして強火で7～8分蒸す。

5　少し火を弱めて、トレーの残りのスペースに**2**をのせる。ふたをして強火で2分蒸す。蒸し上がった野菜を器に盛り合わせて、ラー油、粗塩でいただく。

時間差で、野菜それぞれにおいしく火を通す

蒸した野菜って、どうしてこんなにおいしいんでしょう。よけいなことをしなくても、ちょうどいい頃合いに火を通すだけで、甘くて深い味わい。自然を本当に尊敬します。

料理は子育てと同じ——というのが私の持論ですが、蒸し野菜にしてもそう。野菜の硬い皮をちょっとむいてあげる。食べやすいように繊維をちょっと断ち切ってあげる。口ざわりの良くない筋をちゃんと取る。それぞれの野菜のおいしい歯ごたえが残るように、時間差で蒸す……。よけいな手出しは無用だけれど、何を欲しがっているかを感じ取って、ちょっとだけ手を貸すことで、野菜も子どもも輝いてくれます。

ですから、何が言いたいかというと……手をかけすぎないけれど、手を抜いてはだめ、ということ。野菜の下ごしらえのような仕事こそ、ていねいに行ってください。「きれい」「かわいいね」と思う心が、おいしい料理を作ります。

わが家のとっておき

蒸し野菜は最高！

じゃがバタ

じゃが芋（男爵）をきれいに洗い、ウー・ウェンパン⁺のスチームトレーにのせ、ふたをして約20分蒸す。割れ目を作ってバターをのせる。

うちのおやつは「じゃがバタ」です

野菜はゆでて水にさらすと栄養や味わいが損なわれるけれど、蒸せばむしろ味が濃くなっておいしい。「蒸し野菜は最高!」、ホントそう思います。

わが家でよく作るおやつは、じゃがバタ。フライドポテトを食べるよりも、ずっとヘルシーです。ほっくり蒸したじゃが芋に、おいしいバターなどのせれば、とってもリッチなおやつです。

じゃが芋と一緒ににんじん、卵を蒸して、つぶして混ぜれば、ポテトサラダも簡単。わが家では、ポテトサラダはねぎ油で作るんですよ。卵＋油でマヨネーズ代わり。さっぱりとしつつもコクがあって美味です。

ウー家のポテトサラダ

材料（2～3人分）

じゃが芋　2個
にんじん　1本
卵　1個
粗塩　小さじ⅕
粗びき黒こしょう（P108）　15粒分
ねぎ油　大さじ2

作り方

1　ウー・ウェンパン⁺に湯を沸かして、じゃが芋、にんじん、卵をスチームトレーにのせてふたをし、約20分蒸す。

2　野菜は皮をむき、卵は殻をむいてボウルに入れ、粗くつぶす。調味料を加えて混ぜる。

ねぎ油

ウー・ウェンパン⁺に太白ごま油⅔カップ、斜め薄切りにした長ねぎ1本分を入れて火にかける。油がじゅわじゅわとするぐらいの弱火で約20分、ねぎに焦げ目がつくまであまりさわらずにじっくり加熱する。別の容器に入れて冷ます。炒めものや焼きそばなど、何に使ってもおいしい自家製調味料。

ウー家のかぼちゃサラダ

材料(2～3人分)
かぼちゃ　250g(正味)
卵　2個
玉ねぎの薄切り　少々
粗塩　小さじ⅙
粗びき黒こしょう(P108)　適量
太白ごま油　大さじ1

作り方

1　かぼちゃは種と皮を取りのぞき、一口大に切る。
2　ウー・ウェンパン+のスチームトレーに1と卵をのせて、7～8分蒸す。
3　かぼちゃ、殻をむいた卵をボウルに入れてつぶす。玉ねぎを加えて混ぜ、調味料を加えてあえる。

かぼちゃサラダサンド

食パンにかぼちゃサラダをはさむ。バターなしで充分においしい。パンの耳は落としても良いが、持ち運ぶときにはあえて耳つきにしたほうが変形しにくい。

お弁当にぜひ!「かぼちゃサラダサンド」

かぼちゃがまた、蒸すとおいしいんですよ。蒸したかぼちゃをサラダにすると、これまたとってもおいしい。そのサラダを食パンではさんだサンドイッチは、うちのお弁当の定番です。

かぼちゃのサラダ、それをはさんだサンドイッチ……と聞いて、食指の動かなかった人にこそ、試してみていただきたいです。なぜなら、食べた人がみんな、「想像を裏切られた。こんなにおいしいと思わなかった」と言うのですから。蒸しかぼちゃのほっくりとしたうまみに加え、塩と油のシンプルな味つけで、やさしい甘みが際立つという点が勝因かもしれません。おまけに油分も少なくすむのでヘルシー。

おみやげにサンドイッチをひと切れ持って帰った人が、「あっという間に食べちゃって、もうひとつもらってくればよかったと思いました」なんて言っていました。

献立 6

えびチリ
いんげんの炒めもの
ザーサイのスープ
ご飯

完熟トマトで作りましょう！

えびチリ

夏 summer

夏の野菜は水分たっぷり。うまみと栄養を含んだ水分です。その水けだけで煮込む無水煮料理や、夏野菜たっぷりのスープ、滋味のある加熱料理が夏の献立のベースです。中国では生野菜を食べる習慣がありませんが、旬のトマトやきゅうりは例外。冷たい飲み物は胃腸に負担がかかるし、トイレが近くなるけれど、野菜の水分は少しずつ体に吸収されます。それに夏野菜には実際、体を冷やしてくれる性質のものが多いんですよ。アイスクリームやビールではなく、夏野菜のパワーで暑さに負けない身体を作りましょう。

とにかくみんなに大好評、私の十八番

いんげんの炒めもの

漬物の酸味ですっきりと

ザーサイのスープ

えびチリ

材料(2～3人分)
むきえび　300g
トマト　熟したもの3個
酒　大さじ1
片栗粉　小さじ½
太白ごま油　大さじ1½
A
｜長ねぎのみじん切り　10cm分
｜しょうがのみじん切り　ひとかけ分
｜にんにくのみじん切り　ひとかけ分
豆板醤《トウバンジャン》　大さじ½
オイスターソース　大さじ1

作り方

1　トマトはへたを落として十字に切り目を入れ、沸騰湯にサッと浸け、すぐに冷水に取って皮を湯むきする。粗みじんに切る。

2　同じ湯にむきえびを入れ、再び沸騰するまでしっかりゆでて、水けをきる。粗熱がとれたら、酒と片栗粉をふる。

3　炒め鍋に太白ごま油と**A**を入れて中火にかける。香味野菜の水分が出るまでしっかり炒め、香りが立ったら、豆板醤を入れて炒め合わせる。

4　**1**を加えて炒め合わせる。全体がなじんだら弱火にしてふたをし、ソースが半分量になるまで煮詰める。

5　**4**にオイスターソースを加えて味をととのえてから、**2**のえびを入れる。強めの火で炒めて、えびに味をからめる。

★ふだんのおかずには冷凍のえびを使うことが多いので、オイスターソースをコク出しのために加える。

旬のトマトのうまみを凝縮

このえびチリは“ウー家風”。甘くてみずみずしくて栄養たっぷりの完熟トマトでおいしいソースを作って、えびを最後にからめるだけ。トマトもえびも、どちらもそれだけでおいしい食材だから、誰が作ったって、おいしくならないわけがないのです。

ポイントは3つ。

その1、えびをしっかり下ゆでする。アクや嫌なにおいが取れますし、ここで充分に火を通しておくから、最後にソースにからめるだけですむわけです。

その2、ソースの香味野菜をしっかり炒める。豆板醤もしっかり炒める。炒めることで余分な水分が抜けて、うまみが凝縮されます。

その3、ふたをして煮詰める。トマトのソースは沸騰するとプチプチとはねるでしょう？　ふたをして煮詰めたほうが良いですよね。頭と道具はとことん使わなきゃ。

いんげんの炒めもの

材料（2～3人分）
いんげん　200g
太白ごま油　大さじ1
粗びき黒こしょう　少々
酒　大さじ3
しょうゆ　大さじ1

作り方
1　いんげんは筋を取り、3cm長さに切る。
2　炒め鍋に太白ごま油、粗びき黒こしょうを入れて中火にかける。香りが立ったら、いんげんを入れ、菜箸で混ぜて油をよくなじませる。
3　いんげんがつやつやになったら、酒をふり、酒が蒸気に変わったらふたをして、5分ほど蒸し煮にする。
4　ふたを取って強火にし、鍋肌からしょうゆを回し入れる。しょうゆの良い香りが立ったら、箸で混ぜていんげんに味をからめる。

ザーサイのスープ

材料（2～3人分）
ザーサイ　100g
岩のり（乾物）　少々
水　4カップ
こしょう、塩　各少々
水溶き片栗粉
| 片栗粉　大さじ1
| 水　大さじ2
ごま油　大さじ½

作り方
1　ザーサイはせん切りにしてから、水に30分浸けて塩抜きをする。
2　鍋に水、水けをきった**1**を入れて火にかけ、煮立ってから5分煮る。
3　岩のりを加え、塩、こしょうで味をととのえる。水溶き片栗粉でとろみを、ごま油で香りをつける。

油をつやつやになじませてから、蒸し煮に

とってもおいしい炒めものです。「これだけでご飯が食べられる！」と言う人がたくさんいるんですよ。いんげんは美肌にも良いですし、旬の夏にこそ食べたい野菜です。

最初に油にこしょうの香りをつけるのは、豆独特の青くささをこしょうが消してくれるから。この油をいんげんによくなじませるのが、おいしく作る鍵。“炒める”というよりも、“加熱できるボウル”で温かい油をいんげんになじませる感覚です。油でコーティングして、いんげんのうまみや水分を封じ込めてから、酒の蒸気で蒸し煮にするのです。

このレシピで作ると、きっと今まで食べたことのない、いんげんの炒めものができると思います。ちなみに2品献立では、えびチリのソースを作っている間に、こちらが仕上がる計算です。

漬物のうまみを上手に使って

ザーサイなどの漬物は、発酵食品ですから、体に良い上にうまみを含んでいます。余分な塩気を抜けば、これもまた“だしいらずのスープ”の格好の素材です。さらに、常備素材の岩のりをちょっと加えて、味に深みをプラスします。

献立 7

青椒肉絲

レタスのスープ

ピーマンがおいしいんです!

青《チン》椒《ジャオ》肉《ロー》絲《スー》

ほのかな苦みで、口も胃袋もさっぱりと

レタスのスープ

青《チン》椒《ジャオ》肉《ロー》絲《スー》

材料（2～3人分）
ピーマン　4～5個
牛もも肉薄切り（焼き肉用）　250g
下味
　こしょう　少々
　酒　大さじ1
　塩　ひとつまみ
　片栗粉　小さじ¼
太白ごま油　大さじ1
合わせ調味料
　しょうゆ　大さじ1
　オイスターソース　大さじ½
　こしょう　少々

作り方

1　ピーマンはへたと種をのぞき、縦にせん切りにする。

2　牛肉もせん切りにして、下味をつけておく。

3　炒め鍋に太白ごま油を温め、**2**を入れる。肉をあまり箸でさわらずに、水分が出てくるまで弱めの中火でゆっくり炒める。

4　さらに炒める。出てきた水分がなくなるまで、時間をかけてゆっくり炒める。

5　肉にしっかり火が通ったら、合わせ調味料を加える。箸で混ぜて、一度ザッと肉に味をからめて香りを立たせてからピーマンを加え、ピーマンの香りが立ったら火を止める。

肉とピーマン、別々に
おいしくして合わせます

中国はもちろん日本でも、これはもう国民的な料理ではないでしょうか。ずっと作り続ける定番中の定番ですから、得意料理のひとつにしていただきたいです。

最大のポイントは肉をしっかり炒めることです。あまり箸でさわりすぎずに、肉から出た水分がなくなるまで、弱めの火で時間をかけて炒める。みなさんが「よし、水分がなくなった！」と思う段階でも、私はまだまだ炒め続けます。そのぐらい、よーく炒める。強火では、せっかくの肉が縮まってしまいます。弱い火で時間をかけて炒めると、肉はふっくらとやわらかく仕上がります。

肉に充分に火が通ったところで、合わせ調味料を加える。すると、水分の出た肉はまるでスポンジみたいに、おいしい味をギュッと吸い込みます。肉がこうなってからピーマンを加えて、“加熱できるボウル”（＝炒め鍋）の中で合わせる。肉は肉でおいしい、旬のみずみずしいピーマンはピーマンのままでおいしい。そのふたつを一体化させたのが、青椒肉絲という料理なのです。

レタスのスープ

材料(2～3人分)
レタス　1個
水　カップ4
鶏ガラスープの素　小さじ1
塩　小さじ$\frac{1}{3}$
こしょう　少々
ごま油　大さじ$\frac{1}{2}$

作り方

1　レタスは大きめの一口大にちぎる。

2　鍋に水、鶏ガラスープの素を入れて火にかけ、煮立ったらレタスを入れる。

3　再び沸騰したら、塩、こしょう、ごま油で味つけする。

丸ごと1個を食べきってしまいます

野菜を買ってきたら、冷蔵庫に入れるまでもなく、その日のうちに食べきってしまうのが理想です。

買ったときは新鮮な野菜も、冷蔵庫に入れると、それだけで一段味が落ちる。1日たつごとに、一段ずつ味と栄養価が落ちる……とイメージすると、半端に野菜を残すのがもったいなく思えませんか？

レタスを丸ごと1個使った、見た目も味わいもさわやかなスープです。レタスは水分の多い野菜。煮ると縮みますので、大きめの一口大に切ります。単品の素材をたくさん使うことで、素材じたいのうまみが凝縮されますが、レタスは何せ淡泊な野菜でしょう。だから少量の鶏ガラスープとごま油で味を補うのです。

このスープは涼感のある翡翠《ひすい》色も魅力。野菜の色をきれいに出すためには、ふたをしないで煮るのがポイントです。

献立 8

トマトと
豚スペアリブの煮込み

押し麦入りご飯

なすとみょうがの
スープ

なすがとろんとやわらかい
なすとみょうがのスープ

トマトの水分だけで煮込むごちそう！
トマトと豚スペアリブの煮込み
＋押し麦入りご飯

トマトと豚スペアリブの煮込み

材料(2～3人分)
トマト　熟したもの中サイズ3個
豚スペアリブ　400g
太白ごま油　大さじ½
花椒《ホワジャオ》　10粒
酒　大さじ1
しょうゆ　大さじ2
ミント　適宜

作り方

1　トマトはへたを取り、横半分に切る。

2　無水煮のできる鍋に太白ごま油、花椒、豚スペアリブを入れて弱めの中火にかける。片面に焼き色がついたら裏返し、表面の色が変わるまでスペアリブを焼きつける。

3　酒をふり、酒が蒸気に変わったら鍋肌からしょうゆを入れる。香りが立ったら、箸で肉を転がしてしょうゆをからめる。

4　スペアリブの上にトマトをのせ、ふたをして弱火で20分ほど煮る。好みでミントを散らす。
★水分が残ったら、火を強くして煮詰める。

押し麦入りご飯

米1合を洗い、水けをきって鍋に入れる。押し麦1合、水2.5合分(450mℓ)を加え、20分おいてから普通に炊く。

うまみと栄養を逃がさない“無水煮料理”で

完熟トマトの水分だけで、豚スペアリブをやわらかく煮込みます。太陽をさんさんと浴びて赤くなったトマトの、栄養とうまみがたっぷりのごちそうです。ぷちぷちとした食感の押し麦入りのご飯にかけて、上にミントを散らす、この食べ方がとってもおいしい。わが家では来客のときによく、これをドーンと大量に作るのですが、いつも大変好評です。

生まれ育った北京は、内陸のシルクロードの文化が入っていますので、こういうエキゾチックな料理が結構あるのです。北京では羊肉で作り、肉が見えないくらいたっぷりのミントをのせて食べます。日本で手に入りやすい豚スペアリブにしましたが、ラムのお好きな方はもちろん「トマトとラムの煮込み」もお試しあれ。

こういう“無水煮料理”は、素材の水分やうまみを外に逃がさない鍋で作る必要があります。本体に厚みがあって熱伝導がよく、ふたの密閉度が高い鍋で作ってください。

なすとみょうがのスープ

材料（2～3人分）
なす　3本
みょうが　3個
ごま油　大さじ1
水　4カップ
塩　小さじ½

作り方

1　みょうがは小口切りにする。なすは皮をピーラーでむいて、やや大きめの一口大の乱切りにする。

2　鍋にごま油となすを入れ、なすに油がなじむように炒める。

3　水を加え、ひと煮立ちしたら弱火にし、ふたをして5～6分煮る。
4　塩で調味し、みょうがを加えて火を止める。

なすを炒めてから、水で煮ます

なすは中国でもとても人気です。夏野菜ですので水分が多く、体を涼しくしてくれます。利尿作用と解毒効果があり、むくみをとってくれるし、のぼせ、高血圧、動脈硬化予防にも良いそうです――なんて知ると、おいしいだけでなく、ありがたみが増すでしょう？

私もなすが大好き。シンプル炒め（P73・75）もおいしいし、麻婆なすも、風干しして揚げ煮にする北京の家庭料理もよく作ります。

スープもおすすめですよ。北京風になすの皮をむいてから煮ると、とろんとしたやさしい口当たりに。最初に油で炒めることで、気になるアクが飛ぶと同時に、皮をむいたなすがきれいな翡翠《ひすい》色になります。これも、たっぷりの野菜から出るだしでいただく“だしいらず”のスープです。

厚揚げと
パプリカの無水煮

材料（2～3人分）
厚揚げ　300g
パプリカ（赤・黄）　各1個
太白ごま油　大さじ½
A
酒　大さじ3
粗塩　小さじ¼
オイスターソース　大さじ½

作り方
1　厚揚げは一口大に切る。
2　パプリカはひとつを2cm幅の輪切りに。もうひとつは6等分ぐらいのくし形に切る。
3　ウー・ウェンパン⁺に太白ごま油、1、2を入れてサッと炒める。
4　油が回ったらAを加え、弱火にしてふたをし、10分ほど煮る。

パプリカの水分+調味料で煮ます

トマトと豚スペアリブの煮込み（P48）のように、野菜の水分だけで煮込む無水煮料理は、うまみが凝縮されて、何とも言えぬおいしさです。鍋が厚手で、ふたの密閉度が高いウー・ウェンパン⁺が得意とする調理法ですから、無水煮料理をぜひ献立のレパートリーに加えていただきたいです。

パプリカも水分の多い夏野菜。植物性たんぱく質の厚揚げを、甘みのあるパプリカの水分+オイスターソースなどの調味料で、じゅくじゅくと煮込みます。この組み合わせ、実は相性バツグン。想像以上のおいしさでくせになると思います。色合いもきれいだから、おもてなしの一品にもなりますね。

レタス丸ごと1個のオイスターソース煮

材料(2～3人分)
レタス　1個
太白ごま油　大さじ1
酒　大さじ2
オイスターソース　大さじ1½
水溶き片栗粉
　片栗粉　小さじ½
　水　大さじ2
こしょう　少々

作り方
1　レタスは6等分のくし形に切る。
2　ウー・ウェンパン+に太白ごま油をひき、レタスを切り口を下にして並べる。
3　中火にかけて、熱くなったら酒をふり、酒が蒸気になったらふたをして、中火のまま3分蒸し煮にする。
4　オイスターソースで味をつけ、水溶き片栗粉でとろみをつける。こしょうで香りづけをして仕上げる。

加熱すれば、レタス1個もペロリと食べられちゃう

買ってきた野菜は、なるべくその日のうちに食べきって消滅させてしまう――。私の食事作りのポリシーです。生の状態ではかさのある野菜も、加熱すれば驚くほど量が減ります。たとえば年配のご夫婦のふたり暮らしだとしても、キャベツ半分、いんげん1袋、ほうれん草1束……加熱すれば無理なく食べきれるはずです。それに、こうした単品野菜の料理は素材そのもののおいしさが活きるから、余分な調味料を使わずにすみ、ヘルシーで栄養価が高いのです。

レタスのスープ（P45）はレタスを丸ごと1個使ったレシピですが、蒸し煮にするときも丸ごと1個を使い、レタスの水分で煮ます。“自分煮”だからこそ、レタスのうまみや栄養をムダなく食べられるんですね。

切り口を下にして、ウー・ウェンパン+に並べて蒸し煮に。こうすることで、レタスから水分が出やすくなります。

献立 9

焼き餃子

とうもろこしと
卵のスープ

たたききゅうり

甘くてやさしい、みんなが大好きな夏スープ
とうもろこしと卵のスープ

口の中がスーッと涼しくなる
たたききゅうり

皮から作るとひと味、ふた味……
100味違う！

焼き餃子

とうもろこしと卵のスープ

材料(2～3人分)
とうもろこし　2本
卵　1個
水　4カップ
鶏ガラスープの素　小さじ1
粗塩　小さじ⅓
こしょう　少々
ごま油　大さじ½

作り方

1　とうもろこしは半分の長さに折り、まな板の上に立てて、包丁で粒を削る。

2　**1**を鍋に入れ、水、鶏ガラスープの素を加えて火にかける。煮立たせてから、さらに5分ほど煮る。

3　粗塩で味をととのえて溶いた卵を流し入れ、卵が固まったら、こしょう、ごま油で風味をつける。

たたききゅうり

材料(2～3人分)
きゅうり　3本
粗塩　小さじ¼
こしょう　少々
ごま油　大さじ1
ミント　適宜

作り方

1　きゅうりは皮をピーラーでむいて、包丁の腹でたたく。縦に繊維が割れるように1本ずつたたいてから、3本を並べて一度にたたき、長さを3等分に切る。

2　ボウルに入れて粗塩をふり、10分ほどおく。

3　水けが出たらきり、こしょう、ごま油をふりかけて風味をつける。お好みでミントを散らす。

フレッシュなとうもろこしで作ります

値段が手頃になるだけでなく、旬というのは、野菜の味も見た目も栄養価も最高潮を迎えるとき。食べずにいられませんね。実をぷっくりとさせた黄色いとうもろこしが食卓に登場すると、それだけで幸せ～な気持ちになります。

芯つきのままだと、ゆでるのも蒸すのも時間がかかりますが、実を削れば短時間で火が通ります。削るときは、とうもろこしを半分に折って、まな板の上に垂直に立てて包丁を入れます。こうすると粒の大きさが揃うでしょう！

炒めたり、ご飯に入れてもおいしいですが、スープもオツなもの。レンゲですくってたっぷりいただけるのがうれしい。うまみを補う程度に、鶏ガラスープはほんの少し加えます。

皮をむいてたたくだけで、
いつもと違うおいしさに

皮をむいてたたいたきゅうりの、ほろほろとした食感の良さ。これがたまらない。皮をむくことできれいになって、見た目もおいしくなります。たたくことで味がしみるのは、言わずもがな、ですね。

塩をふって10分おくのもポイントです。この間にきゅうりのさわやかさやみずみずしさが、浮かび上がってくるみたい。だから料理は決して焦ってはだめ。10分待つ。これだけで味が格段に違ってくるのですから。

焼き餃子　ぜひとも皮から作りましょう

みなさん、餃子がお好きでしょう？　それならば、ぜひとも皮から作っていただきたいです。もっちりとした皮のおいしさこそが、餃子のおいしさなのです。回数を重ねれば絶対に上手になるし、食べたいときに気軽に作れるようになります。

私はクッキングサロンで長年、餃子をはじめとするさまざまな小麦粉料理のレッスンをしてきました。日本のみなさんが上手に作れるようになるにはどうしたらいいかしら、と研究してきたんです。粉と水分の配合、一度に作りやすい量、粉料理がめんどうにならない道具の開発……。そう、道具もとても大切。

小麦粉料理は、ほんの少しの水加減で生地の状態が変わってきます。だから、同じ環境、同じ道具できちんと粉と水の分量を量ることが、上達への近道なのです。

小麦粉料理に必要なのは、たった５つの基本の道具です。こねるのに充分な大きさの麺台。大小の麺棒。粉をこねやすい形状で、こねるときにガタガタしないボウル。太くて粉が混ぜやすい菜箸。5mℓ単位で量れて、目盛りが見えやすい計量カップ。これらのセットをメーカーと共同開発しました。

私が考案した木の麺台は、目盛りと、皮の大きさを測る円形マーク付き。「生地を2cm幅に切ってください」と言っても、みなさんの“2cm”は本当にまちまちです。でも、きちんと測りさえすれば、誰でも同じ大きさ、薄さの餃子の皮ができるのです。

あとは小麦粉（薄力粉）と熱湯さえあれば、餃子の皮（焼売の皮にもなります）がすぐに作れます。ではさっそく、餃子作りの誌上レッスンを始めましょう。

焼き餃子

材料(24個分)
薄力粉　100g
熱湯　70mℓ
打ち粉(強力粉)　適量
太白ごま油　大さじ1
水　½カップ

あん
豚細切れ肉　250g
こしょう　少々
酒　大さじ1
しょうゆ　大さじ1
甜麺醤《テンメンジャン》　大さじ½
太白ごま油　大さじ1
しょうがのみじん切り　ひとかけ分
万能ねぎの小口切り　½束分

作り方

皮の生地を作る

1　薄力粉をボウルに入れ、熱湯を一気に注ぐ。

2　菜箸でまんべんなく混ぜ合わせる。混ぜる間に粉が水分を吸収し、湯の粗熱がとれていく。

3　ポロポロになってきたら手に替えてこね始める。ボウルについた粉を生地につけるようにしながらこねるとボウルがきれいになる。

4　生地を外側から内側へ返すようにしてよくこねる。粘りがなくなってくれば、粉が水分を吸収している証拠。粘ってくっつくのは、こねが足りない。

5　生地がなめらかになって、手にもボウルにもくっつかなくなればOK。

6　濡れぶきんをかけ、常温で30分程度ねかせる。この間にあんを作れば時間のロスがない。

あんを作る

豚肉を細かくきざみ、材料表の上から順に加え、そのつどよく混ぜる。

餃子の皮をのばす

1　麺台に軽く打ち粉をして、生地をこねる。手のひらのつけ根で生地を向こう側から手前に折り返してたたむ……を繰り返す。

2　生地がなめらかにまとまったら、半分に切る。

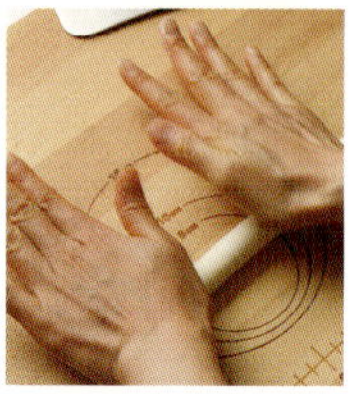

3　半分に切った生地を、両手のひらで転がすようにして20cmの棒状にのばす。

4　棒状にした生地を、1回切るたびに90度回転させながら12等分に切り分ける。

5　打ち粉をぱらぱらとふり、軽く転がすようにしてまぶす。

6　切り口を両手のひらで軽く押すようにして、**5**の生地を丸く平らにつぶす。

7　左手で生地を回しながら、右手の麺棒を転がして、**6**の生地を直径8cmの円形にのばす。

8　残り半分の生地も同様に棒状→つぶす→円形にのばす……の工程を行い、全部で24枚の皮を作る。

皮であんを包む

1　皮にあんを大さじ山盛り1杯ほどのせる。

2　皮を半分に折り、皮の頂点をくっつけて閉じる。

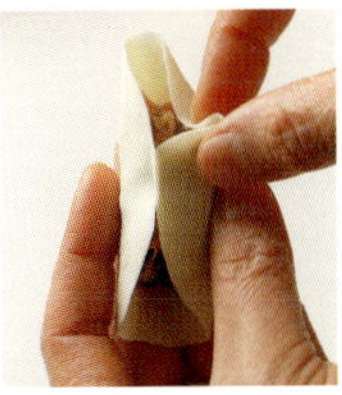

3　手前の皮の右端から1cmほどのところをつまんで、角を作る。

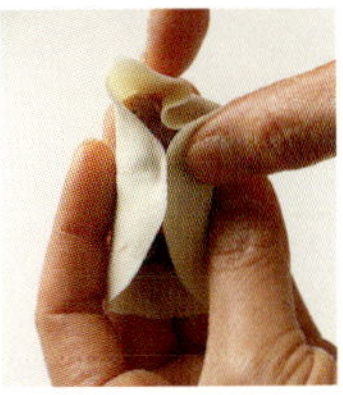

4　親指は**3**の位置に添えたまま、人差し指で隣にひだを作り、端側に倒していく。

5　**4**を繰り返して、4～5つのひだを作り、片側を閉じる。

6　餃子を右手に持ち替えて、もう片側も同じように角を作り、端側にひだを倒して包んでいく。

7　右端からひだを寄せて包み、次に左端からひだを寄せて包み、最後に頂点で合わさって、半月形になる形。

8　はい、きれいに包めました。

焼く

1　炒め鍋に太白ごま油をひいて、餃子を並べる。強火にかけて、まずは底にうっすらと焦げ色がつくまで焼く。

2　水を注ぎ、ふたをして、しばらく蒸し焼きに。途中でふたは開けないこと。

3　ちりちりという音がしてきたら、水分がなくなってきた証拠。火を弱め、さらに1～2分焼く。さあ、できあがり。アツアツを大皿に盛って、みんなが待っている食卓へ！　好みで黒酢や自家製ラー油(P28)などをつけていただきましょう。

献立 10

担々麺

冬瓜のスープ

清涼感のある辛みごまだれで食べる

担々麺

透き通った見た目もおいしい

冬瓜のスープ

担々麺

材料(2～3人分)
中華麺　2～3袋
豚バラ肉薄切り　100g
酒　大さじ1
しょうゆ　大さじ½
枝豆　適宜
香菜　1～2本
たれ
　自家製ラー油(P28)　大さじ2
　しょうゆ　大さじ3
　練りごま　大さじ2
　水　大さじ2(練りごまの固さによって加減する)
　花椒粉《ホワジャオフェン》(P24)　少々

作り方

1　枝豆は塩ゆでして、さやから豆を出す。香菜はきざむ。たれの材料をよく混ぜ合わせる。

2　豚肉を1cm幅に切り、炒め鍋に入れて火にかける。色が変わって、脂が出始めたら、酒、しょうゆで味つけする。

3　鍋に湯を沸かし、全体が均一によく沸騰したら中華麺を入れる。

4　再び沸騰してから30秒ほどゆでてざるにあげ、すぐに冷水にさらし、水けをきって器に盛る。

5　たれをかけて、2と枝豆、香菜をのせる。

麺は湯に入れたら動かさない

「これが担々麺？」という声が聞こえてきそう。中国の担々麺は汁なしが普通です。冷たい麺に辛いごまだれをかけて、肉や枝豆や香菜（苦手な方はきゅうりのせん切りをどうぞ）のトッピングでいただく、暑い季節にたまらなくおいしい麺なのです。この本では自家製ラー油（P28）、花椒粉《ホワジャオフェン》（P24）の作り方も紹介していますから、香りの高い素晴らしい風味のたれができますね。

主役の麺は、全体がまんべんなく沸騰した湯でゆでましょう。麺を入れたら動かさないこと。一気に下がった温度が上昇して、再び沸騰するのをじっと待つ。この間に箸で動かしたりすると、麺のにごりが出てしまいます。再び沸騰したら箸で軽くほぐし、沸騰後30秒ほどで引き上げて一気に冷やす。これで麺もおいしくできあがります。

具に使う豚バラ肉は、あえて脂の多いところを選び、炒めるときには油をひきません。豚肉を加熱して脂（天然の動物性油）をよく出して、これをうまみとしていただくのです。酒としょうゆで味つけした豚バラ肉は、ご飯にのせて食べてもおいしいですよ。

冬瓜のスープ

材料(2～3人分)
冬瓜　400g
桜えび　5g
太白ごま油　大さじ½
粗塩　小さじ½
水　3カップ
こしょう　少々

作り方

1　冬瓜はスプーンで種を取りのぞいて、ピーラーで皮をむき、1cm厚さに食べやすく切る。

2　鍋に太白ごま油と桜えびを入れて火にかけ、強火でサッと炒めて、良い香りを出す。

3　分量の水を**2**に加え、5分ほど煮て桜えびのだしを出す。
4　冬瓜を加えてさらに5分煮、粗塩、こしょうで味をととのえる。

淡い味を体が求める理由があります

冬瓜、苦瓜、きゅうり、すいか……夏はウリ科の野菜の旬です。冬瓜は漢方では体の熱を取る野菜とされていて、利尿作用もあり、むくみも取ってくれる、女性にありがたい美容食材です。

冬瓜を「味がない」といって好まない方も多いですよね。冬瓜に限らず、夏野菜や果物は水分が多くて、味は淡く、栄養価は低いと言われます。でもそれは、体に負担をかけずに、水分とほどよい栄養を補うためじゃないかしら、というのが私の考え。暑さはそれだけで体力を奪うもの。ですから夏はたくさんの栄養を摂るよりも、少ない栄養をやさしく補って、胃腸をはじめとする内臓も働かせすぎない。「今はあまり栄養を摂らなくてもいいんだよ」という自然からのメッセージが、夏野菜や果物に込められている気がするのです。人間も自然の一部ですから、自然に逆らわず、その季節に採れるものをいただいていれば、健康に過ごせると思っています。

皮をむいてスープにした冬瓜は、清涼感のある翡翠《ひすい》色をまずは目で味わって。そして、やさしいピンクの桜えびに、色合い、香りづけ、味出しの三役を買ってもらいましょう。

フルーツトマトの
スパゲティ

材料（2人分）
スパゲティ　200g
フルーツトマト　4～5個
オリーブオイル　大さじ2
粗塩　小さじ1/3
こしょう　少々
バジルの葉のみじん切り　10枚分

作り方

1　ウー・ウェンパン+に沸かした湯で、フルーツトマトを湯むきして、縦半分に切る。同じ湯でスパゲティをゆでる。

2　ウー・ウェンパン+にオリーブオイルをひいて温め、トマトを炒める。

3　トマトからおいしそうな水分が出てきたら、ゆであげたスパゲティを加えてサッと炒め合わせ、粗塩、こしょうで調味する。

4　バジルを加え、サッとあえればできあがり。

スパゲティを横に入れて
ゆでられます！

麺をおいしくゆでるコツは、お湯が均等に沸騰した状態でゆでること。内径28cmのウー・ウェンパン+はスパゲティを横にして入れられるので、お昼に1人分か2人分の麺を作るときにとても便利です。

ウー・ウェンパン+をふたつ持っていれば、ソース作りと麺をゆでることの両方が一度にできます。ひとつならスパゲティを先にゆでておき、湯をきった同じ鍋でソースを作る時間差でどうぞ。

シンプル焼きそば

材料(2人分)
焼きそば用の麺　2玉
豚こま切れ肉　100g
長ねぎの斜め薄切り　10cm分
太白ごま油　大さじ½
酒　大さじ3
黒酢　大さじ2
しょうゆ　大さじ1
こしょう　少々

作り方

1　ウー・ウェンパン+に太白ごま油、豚肉を入れて中火にかける。肉の色が変わるまで炒めたら、焼きそばを入れて箸でほぐす。

2　麺をほぐしながら、肉を上にのせる(肉を硬くしたくないので、火が通りすぎないようにするため)。

3　酒をふり、酒が蒸気になったらふたをして、弱火で3分蒸し焼きにする。こうすると全体がふっくらとして、底面の麺に焦げ目がつく。

4　焦げ目=おいしさ。焦げ目の部分を全体に混ぜる感じで、麺を箸でほぐしながら、さらに中火で炒めて水分を飛ばしていく。

5　黒酢、しょうゆを回しかけて、全体に味をからめる。

6　長ねぎを加え、こしょうをふって、サッと炒め合わせる。長ねぎがしんなりしたらできあがり。

焼きそばは一度も強火にしないで、じっくりと炒める

北京生まれの私にとって、小麦粉料理は小麦粉のおいしさを味わうもの。焼き“そば”なんだから、そばをしっかり味わいたいのです。

だから私の作る焼きそばは、ごくごくシンプル。豚肉は油となじんで“うまみ”となってもらうために入れるので、ほんの少量です。肉がちょっとしか入っていない、ソースの味もしない焼きそばだけれど、これが食べ盛りの子どもやお友達に大人気です。

コツは一度も強火にしないで、中火〜弱火で、じっくり時間をかけて水分を飛ばしながら炒めること。それと、小麦粉にはお酢が合うので(お酢を入れると甘く感じます)、黒酢を利かせて、おしょうゆは少なめに入れること。

ウー・ウェンパン+ひとつで作れます。ぜひお試しください。

献立 11

いろいろきのこの黒酢炒め

牛肉のカリカリ炒め

じゃが芋のスープ

黒米入りご飯

食感と香りを楽しむ

いろいろきのこの黒酢炒め

秋 autumn

空気が冷たくなってきたら、きのこと芋を食べなくちゃ。きのこはカロリーが少ないのに、食物繊維やミネラルが豊富で、中医学ではガンなどの抑制にも効果があると言われています。中国ではきのこ全般を“食用菌”と呼びます。“食べられる菌”という薬に準ずる捉え方で、健康に密着した食材なのです。北京の人たちは秋になったら、きのこの料理を手を替え品を替え毎日のように食べて、夏の間に疲れた体をまずはリセットします。それから、旬を迎える芋類で体に栄養を与えてあげるのです。理にかなっているでしょう？

香ばしさが食欲をそそる
牛肉のカリカリ炒め

ホッとするおいしさ
じゃが芋のスープ

黒米入りご飯

いろいろきのこの黒酢炒め

材料(2～3人分)
エリンギ　4本
生しいたけ　6個
マッシュルーム　6個
太白ごま油　大さじ1
酒　大さじ1
黒酢　大さじ1
粗びき黒こしょう(P108)　10粒分
粗塩　小さじ¼

作り方
1　エリンギは一口大の乱切りにする。生しいたけは軸を落として半分に切る。マッシュルームは半分に切る。
2　炒め鍋に太白ごま油をひき、**1**のきのこを中火で炒める。油がなじんだら弱火にして、香りが出るまでよく炒める。

3　きのこの角が取れたら、酒、黒酢を鍋肌から加える。
4　酒と黒酢が蒸気になったら、ふたをし、強火で1分ほど蒸し焼きにする。粗びき黒こしょう、粗塩で味をととのえる。

じゃが芋のスープ

材料(2～3人分)
じゃが芋　2個
水　3½カップ
鶏ガラスープの素　小さじ1
粗塩　小さじ¼
こしょう　少々
ごま油　小さじ1

作り方
1　じゃが芋は皮をむき、一口大の乱切りにする。
2　鍋に水、鶏ガラスープの素、**1**を入れて火にかけ、煮立ったらふたをして弱火で10分煮る。
3　粗塩、こしょう、ごま油で味と香りをつける。

先に油をからめるのが、みずみずしさの秘訣

形のはっきりとしたきのこは、その形状を活かした料理にしたいもの。コロコロと大きめに切ったり、あえて丸のままで、歯ごたえや、噛《か》んだときにじゅわっと出るうまみと香りを楽しみましょう。

この料理のポイントは、ふたをして蒸し焼きにする前に、炒め鍋、つまり“加熱できるボウル”の中で、きのこに油をよくからめること。こうすると、きのこに高温の油の膜ができるため、短時間に火が通るし、みずみずしさや、うまみや香りをきのこの中に封じ込めることができるのです。

じゃが芋を食べる感覚で

具はじゃが芋だけ。コロンと大きめに切って、鶏ガラスープでやわらかく煮るだけです。この素朴さが、かえって良くないですか？　じゃが芋もきのこも、土の香りのする素材。秋を満喫できる献立です。

牛肉のカリカリ炒め

材料(2～3人分)
牛もも肉(焼き肉用)　300g
にんにくの茎　1束
太白ごま油　大さじ1
酒　大さじ1
一味唐辛子　大さじ½
しょうゆ　大さじ1½
花椒粉《ホワジャオフェン》(P24)　小さじ½

作り方

1　牛肉は細切りにする。にんにくの茎は包丁の腹でたたきつぶしてから、3～4cm長さに切る。

2　炒め鍋に太白ごま油と牛肉を入れ、牛肉から出る水分がなくなるまで、中火でじっくり時間をかけて炒める。

3　水分が完全に飛び、牛肉がカラカラになったら、酒をふって肉に吸収させる。

4　一味唐辛子を入れて、香りが出るまで炒める。

5　唐辛子がどこにあるかわからないぐらい肉になじんだら、しょうゆを加える。

6　全体に味がなじんだら、にんにくの茎を加え、しんなりしたら火を止めて花椒粉をふる。

黒米入りご飯

米2合を洗って水けをきり、水2合分(360mℓ)と黒米大さじ1を加えて普通に炊く。

肉の水分を出しきるのがコツ

牛もも肉というのは、うまみのある赤身の筋肉の多い部位です。脂肪は少なく、その代わり水分が多い。この水分を、肉をじっくり炒めることで完全に飛ばします。

強火で一気に炒めれば、鍋中の水分は早くなくなるかもしれません。でも、肉の中には実はまだ水分が残っているし、強火で焼けば肉が硬くなってしまう。ですから中火で時間をかけてじっくり炒めて、肉の中の水分まで出しきることが大切なのです。

そうしてカリカリに焼いた肉に酒をふると、酒のうまみを肉がギュッと吸収します。次に一味唐辛子をふって、唐辛子の存在が消えるほどに肉になじませて炒める。その次にしょうゆを加えて、しょうゆの味が肉に充分にからんだところで、最後ににんにくの茎を加えます。

肉にはおいしい味がしっかりついているけれど、野菜には味が移らないから、野菜じたいのうまみも味わえる。それがこの料理の神髄です。ちなみに辛みのあるカリカリ焼きは、中国では乾焼《ガンシャオ》と呼ばれるポピュラーな調理法。ご飯がすすむおかずの代名詞みたいなものですね。

献立 12

きのこ鍋

小松菜と
松の実のあえもの

最高にヘルシーで、体に染み入るおいしさ

きのこ鍋

木の実のコクで、満足感あり
小松菜と松の実のあえもの

きのこ鍋

材料(3～4人分)
しめじ　200g(2パック)
舞茸　200g(2パック)
えのき　200g(2袋)
鶏手羽先　4本
酒　1カップ
水　3カップ
黒こしょう(粒)　10粒
A
　粗塩　小さじ1
　ごま油　大さじ½

作り方
1　きのこは買ってきたらパックの封を開けて、使うまで空気に当てておく。しめじ、えのきは石づきを落とし、えのきは半分に切る。舞茸は大きめにさく。
2　鶏手羽先は沸騰した湯でサッとゆで、よけいな脂やアクを取る。

3　**2**の水けをきって土鍋に入れ、水、酒、黒こしょうを加えて火にかける。煮立ったら弱火にし、ふたをして30分ほど煮る。
4　鶏からだしが出たら、**1**のきのこを入れ、さらに10分煮る。
5　鍋ごと食卓に出す。各自が取り皿にきのこをたくさん取って、スープを注ぎ、Aを好きなだけ加えていただく。

鍋後のうどん

鍋を食べたあとの残りのスープに、ゆでうどんを入れて温め、残りのAを加え、しょうゆ少々で味をととのえる。溶き卵を流し入れ、卵に火が通ったら青ねぎの小口切りを散らす。

鶏手羽と一緒に煮るだけ！

北京で大人気のきのこ専門料理店の名は、ずばり『野生食用菌店』。野生＝天然、食用菌＝きのこで、山で採れた滋養のあるきのこを食べさせる店というわけです。

運ばれてくるのはスープと山盛りのきのこ。鍋からあふれんばかりに入れても、きのこに火が通れば、水分と共に体に良いエキスがスープに溶け出て、きのこじたいのかさは減る。そのシャキッとした歯ごたえのきのこを、滋味豊かなスープと共にいただく……。数種類のきのこの香りと風味が混ざり合って、体の芯までじんわりとしみていくようです。

ヘルシーで、体をリセットするのに最高のこの鍋、家でも簡単にできるじゃない！　と、今ではわが家の秋の大定番。きのこは何でも良いですが、煮込むから、形が残らなくてもいいもの、食べやすい線状のえのきなどを選んでいます。鍋のシメに、とびきりのスープで食べるうどんも楽しみ！

きのこは風に当てましょう

どんな料理のときも、きのこは買ってきたら冷蔵庫にしまいこまないで。袋やビニールをはずして、室内でよいですから空気(風)に当てておきましょう。密閉されたままでは、きのこの水分が出て、菌がその水分の中で死滅していきます。空気に当てて、表面がカリッとする程度に水分を飛ばしてから調理を。そのほうが、香りも味わいも栄養価もグンと高くなるのです。

小松菜と松の実のあえもの

材料(2～3人分)
小松菜　1束
松の実(くるみでも)　20g
しょうゆ　大さじ1
はちみつ　小さじ1

作り方

1　鍋に湯を沸かし、小松菜を根元から入れて固ゆでにする。

2　**1**を水にさらして熱をとり、水けを絞って2cm長さに切る。

3　炒め鍋で松の実(またはくるみ)をから煎りし、ラップにはさんで、上から麺棒などでたたいてつぶす。

4　**3**を麺棒でごりごりとしごいて、さらに細かくつぶす。

5　松の実をにじみ出てきた油まできれいにすくい取り、ボウルに入れる。しょうゆ、はちみつを加えて混ぜ、**2**の小松菜を入れてあえる。

小松菜は固ゆでにして、シャキッとした歯ざわりに

青菜は沸騰した湯へ、まず先に根元を入れて、根元がしんなりしてきたら、葉先までお湯の中に沈めます。鍋中で野菜が重ならず、寝かせることができると、あっという間にきれいな緑色にゆであがります。小松菜は固ゆでにして、シャキッとした独特の歯ざわりを楽しみましょう。

ラップにはさんで細かくつぶした松の実は、上質な植物の油が出て、と～ってもいい香り。ほら嗅いでみて、と差し出すと、鼻を近づけた誰かさんが言いました、「きのこの香りがする！」。当たり前ですよね、だって松の実は木の実ですから。木の子（きのこ）の友達ですものね。

というわけで、きのこ鍋と相性バツグンのあえものなのです。

献立 13

北京酢豚
なすのシンプル炒め
わかめのみそスープ
発芽玄米ご飯

ツンとくるお酢の香りと甘さがたまらない

北京酢豚

ふっくら、しっとりで、きっと未知のおいしさ！
なすのシンプル炒め

体をきれいにしてくれる
わかめのみそスープ

発芽玄米ご飯

献立 14

卵炒飯

長芋のすりおろしスープ

ザーサイ(市販品)

やさしさをギュッと凝縮したポタージュスープのよう

長芋のすりおろしスープ

ご飯が甘くておいしい、お母さんのスペシャリテ

卵炒飯《チャーハン》

長芋のすりおろしスープ

材料(2～3人分)
長芋のすりおろし　300g
豆乳　3カップ
水　2カップ
豆苗　1袋
粗塩　小さじ½
こしょう　少々
ごま油　小さじ1

作り方

1　長芋は皮をむき、すりおろす。豆苗は根を切り落とし、5㎜長さに切る。

2　鍋に豆乳、水を入れて中火にかけ、煮立ったら弱火にして、さらに5分煮る。

3　長芋を流し入れる。

4　よく混ぜて、とろみが出るまで煮立たせたら豆苗を加える。再びサッと煮立て、粗塩、こしょう、ごま油で味をととのえる。

よく煮ることでおいしくなるスープ

材料が何か、食べただけではわからないかもしれません。クリーミーで、コクがあって、なんとも言えずおいしい。「長芋と豆乳ですよ」と教えると、みんなが驚きます。豆乳はヘルシーだけれど、味はいまひとつ……と思っていた人も、これは作りたいと言ってくれる。

ポイントは、よく煮ることです。豆乳は加熱することで、豆くささが抜けておいしくなる。豆乳を充分に煮たところへ、長芋のすりおろしを加えて混ぜます。

長芋は芋類の中で一番、酵素がたくさん入っています。ホルモンのバランスを整える効果もある。ですから中国では蒸しただけの長芋をおやつに食べたりもするし、長芋の料理もいろいろあって、積極的に食べようとする素材のひとつです。

この長芋のすりおろしスープは、風邪のとき、胃腸の調子が悪いときにお母さんが作ってくれる定番。結構ボリュームがあるから、スープ＋カリッと焼いたトースト＋ザーサイ(このスープによく合います)、なんていう献立も良いですね。長芋と豆乳だけで作るのが基本で、緑の欲しいときは、同じ豆どうしで豆苗を入れると良く合います。

卵炒飯《チャーハン》　ていねいにていねいに、10分かけて炒めます

みなさんは炒飯にどんなイメージを持っているでしょうか。

炎の上がるようなものすごい火力で、カッカッカッカッとスピーディにご飯を炒めて、アッと言う間にできるイメージ？　それは、プロの調理場から生まれた独特の手法。家庭のガスコンロの火力で同じことをしようとするのは無理ですし、家庭でそれをする意味もありません。

そもそも炒飯という料理は、よその人に食べさせるものではないのです。“うち”の人に食べさせるものです。

炒飯は、冷たい残りご飯を加熱して食べるための、ひとつの手段です。幸いにして家族にはお金をもらわなくていいので、具も豪華なものが入っていなくていい。わが家は卵と長ねぎだけです。つまり“家にいつもあるもの”で作れるのが炒飯なのです。その代わり、ていねいに、ていねいに、ていねいに時間をかけて作ります。お母さん（あるいはお父さん）が一所懸命作っている姿を見れば、家族はおなかがすいていても、料理ができるのを待ってくれますよね。

何度でも言いたいです。家庭の炒飯は、ゆっくり、じっくり、ていねいに作ってこそおいしい。

私の卵炒飯は炒めるのに10分かかります。これは北京の母ゆずり。母はねずみ年のせい（？）か、コチョコチョコチョコチョいつも動き回っていて、何をするのも早い人ですが、炒飯作りに関しては例外。台所に入ったきり、物音も立てず、静かーで……何をしているのかと思えば、ずっとご飯を炒めているのです。子どもの頃の私は、炒飯ができるのが待ち遠しかった。

そんなふうに時間をかけて炒めるからこそ、“残りもの”が忘れられないおいしさに変身する。お金はかからないけれど、「おいしく作ろう」という気持ちがなければ絶対にできない。炒飯こそ、お母さんの愛情なくして作れない、家庭料理のきわめつきです。

私の卵炒飯は、みなさんが思い描く炒飯とは別物かもしれません。私にとって炒飯はご飯を食べるもの。あくまでもご飯が主役です。

ご飯がぱらりと香ばしい。卵も長ねぎも存在を主張しないけれど、それぞれの甘みや香りをご飯がしっかり包み込んでいる。本当に一度食べたら忘れられなくなる味です。

しっかりマスターしていただきたいから、特別扱いで、細かくプロセスを追ってご説明します。これが作れるようになると、人生かなり得すると思う。太鼓判を押します！

卵炒《チャー》飯《ハン》

材料(2～3人分)
冷やご飯　500g
卵　2個
長ねぎ　½本
太白ごま油　大さじ2
粗塩　小さじ¼
しょうゆ　大さじ½
こしょう　少々

作り方

1　卵は溶きほぐしておく。長ねぎは粗いみじん切りにする。ご飯は固まっていたら、軽くほぐしておく。

2　炒め鍋に太白ごま油を入れて、中火にかける。鍋を回したとき、油がくるりと早く回るようになったら溶き卵を入れる。鍋も油もあまり熱くしすぎないうちに、卵を入れる。

3　弱火にして、かき混ぜながら、卵が固まってくるまで炒める。

4　卵が固まったら、長ねぎを入れる。

5　弱火で長ねぎを炒める。長ねぎから水分を出すと同時に、ねぎの香りを立たせて、風味の良い“ねぎ油”のような状態にする。ちなみに、いったん油を含んだ卵は、火にかけ続けていてもパサパサにならない。

6　長ねぎの水分が飛んで、見た目にもねぎの存在感がなくなってきたら、ご飯を加える。

7　へらでご飯をほぐし、卵と長ねぎを合わせる。炒める火はずっと弱火。

8　ご飯がほぐれたところで、塩をふるのがポイント。お米の粘りけを塩がおさえてくれる。

9　へらで切るようにして、さらにていねいにほぐしながら、ご飯を炒める。

10　とにかく気長に炒めて、ご飯の表面の水分を飛ばせばパラリとなる。ご飯粒をつぶすと粘りけが出てしまうので、あくまでもていねいにやさしく炒める。

11　少し焦げ目がついてきたら、ご飯の表面の水分がなくなってきた証拠。

12　10分ぐらい炒めて、ご飯がパラリとしてきたら、鍋肌からジュッとしょうゆを回し入れる。

13　しょうゆを入れたら、すぐに混ぜないこと。しょうゆの香りが立ってから、ご飯に味をからめて、こしょうで香りづけをする。

14 最後のチェック、音をよく聞いて。もう静かです。ここで火を止める。はい、お待たせしました～、できあがり！

冷凍ご飯は蒸すに限る！

白米も、玄米も、雑穀入りのご飯も、残りご飯はひとり分ずつ、ラップに包んで冷凍しています。解凍するとき、わが家はウー・ウェンパン+で蒸します。チン！するよりも、断然おいしい。特に玄米はふっくらとして、炊きたてよりもおいしいと感じるほどです。

お湯が沸いたらスチームトレーに冷凍ご飯をのせて、ふたをし、約10分蒸します。電子レンジのほうが早い!?　だって5分と10分の違いでしょ。それに、早さとおいしさ、どちらをとりますか？

子どものお友達が大勢来たとき、ありったけの冷凍ご飯を蒸して解凍して、全部、炒飯にします。おいしいから、残りものだなんて、誰にも文句は言わせません！

献立 15
油淋鶏
かぼちゃのごままぶし

唐揚げよりもさっぱりで、ご飯がすすむ！

油《ユー》淋《リン》鶏《チー》

無水煮のかぼちゃは、味が濃くてホクホク

かぼちゃのごままぶし

油《ユー》淋《リン》鶏《チー》

材料(2～3人分)
鶏もも肉(唐揚げ用)　300g
下味
　こしょう　少々
　粗塩　小さじ1
　酒　大さじ1
上新粉　大さじ1
たれ
　しょうゆ　大さじ1½
　黒酢　大さじ1
　しょうがのみじん切り　ひとかけ分
　長ねぎのみじん切り　10cm分
　ごま油　小さじ1
　こしょう　少々
太白ごま油　1カップ

作り方

1　鶏肉に下味の材料を上から順にまぶす。

2　たれの材料を合わせて、30分ほどおく。時間をおくことで、長ねぎやしょうがのシャキシャキ感がたれによくなじんで、おいしくなる。

3　炒め鍋に太白ごま油を注ぎ、170℃(菜箸を入れて、中くらいの泡が出る程度)に熱する。**1**の鶏肉に上新粉をまぶし、油に入れる。

4　箸などでさわらず、しばらくそのまま鶏肉を油の中に放置する。

5　温度が高くなりすぎたら火を弱めて、170℃ぐらいを保ちながら揚げる。きつね色になったら一度返し、トータルで3分ほど揚げる。

6　唐揚げの油をきり、ボウルに移す。上から**2**のたれをかけて、さっくりとあえる。

たれであえるひと手間で“おかず”にします

カラリと揚げた唐揚げ、うちの子も大好きです。いつでもリクエストに応えられるように、下味に浸かった鶏肉を冷蔵庫に常備しているくらいです。

実は中国には、鶏肉を揚げただけの唐揚げはありません。油淋鶏が中国の“唐揚げ”です。揚げたてアツアツの鶏肉に、ねぎやしょうがの入った黒酢じょうゆのたれをジャッとかけると、唐揚げが味をキュッと吸い込む。これが白いご飯に、とてもよく合うのです。

黒酢は酸味というよりも、うまみのエッセンス。肉をやわらかくして、油を分解してくれるヘルシーな調味料でもあります。鶏肉に小麦粉ではなく、上新粉をまぶして揚げるのもポイント。米の粉だから味を含みやすく、加熱すると粘り気が出るので、冷めても固くなりにくいのです。

少ない油で、温度を一定に保つように、火の加減をしながら揚げる。鶏肉を入れたらさわらず“放置”して、返すのは一度だけ。揚げもののルールにのっとって、ジューシーでおいしい油淋鶏を作りましょう。

かぼちゃのごままぶし

材料(2～3人分)
かぼちゃ　¼個
太白ごま油　大さじ1
酒　大さじ2
粗塩　小さじ¼
煎り黒ごま(すっておく)　大さじ2

作り方

1　かぼちゃは種と皮を取り、1cm厚さのくし形に切る。包丁の背に手のひらを当て、体重をかけるようにして切るときれいに切れる。

2　無水煮のできる鍋に太白ごま油をひき、かぼちゃを並べて火にかける。菜箸で返しながら、かぼちゃに油をよくなじませる。かぼちゃがつややかになったら、酒をふる。

3　酒が蒸気になったところで、ふたをして弱火にし、5～6分蒸し焼きにする。

4　かぼちゃに火が通ったら、黒ごまをまぶし、粗塩で味つけする。

かぼちゃの水分で、おいしく火を通す

かぼちゃは意外と水分の多い野菜。だから水を加えずに、“自分の水分”でやわらかくなってもらいましょう。そのほうがゆでるよりも数段、味が濃くなり、ほっくりとして、おいしくなります。

まずは大きさを揃えて、きれいに切ることが大事です。きれいに切る＝くずれにくい、ですから。こういうシンプルな料理こそ、下ごしらえをていねいに。

最初に炒める……というよりも、“加熱できるボウル”の中で、かぼちゃに油をなじませる感覚です。人間の肌にクリームをなじませるみたいに、かぼちゃの表面をつややかにしてあげる。それから、ふたをして無水煮にする。

自分の持っている水分で、ふっくらとやわらかくなって、かぼちゃが汗をかきます。そこへ栄養たっぷりの黒ごまをからめて、粗塩で淡く味つけをする。どうです、かぼちゃの自然の甘みが際立って、とってもおいしいでしょう⁉　だから私は、かぼちゃに甘い味つけをしないのです。かぼちゃのカロテン、黒ごまのビタミンやミネラル、とびきりの美容食です。

わが家のとっておき　大好きな野菜の揚げもの

ウー家の大学芋風

材料（2～3人分）
さつま芋　300g
太白ごま油　1カップ
黒みつ　適量

作り方
1　さつま芋は乱切りにし、水にさらして水けをふきとる。ウー・ウェンパン+に太白ごま油を温め、油がまだぬるいうちから、さつま芋を入れる。箸で転がして、さつま芋の全体に油をまぶし、その後は油の中に放置してカラッとなるまで揚げる。
2　油をきり、黒みつをかけてあえる。

良質の油で野菜を揚げましょう

油を悪者みたいに思っている方、いらっしゃいませんか。もちろん、何度も使って汚れた油を衣がたっぷり吸ったような天ぷらやフライは、健康の妨げになります。でも、良質な油を上手に使うことで、料理はおいしく食べやすくなるのです。特に野菜は油との相性がとても良いですし、油と一緒になることで、ビタミンなどの野菜の栄養素が効率よく摂れる場合もあります。

れんこん、ごぼう、かぼちゃなどの野菜の素揚げ、私の十八番です。素揚げ野菜は本当においしい！　それには理由があって……。水は沸点が100℃しかないので、野菜を入れるとグッと温度が下がってしまうけれど、油はもっと高温になるので、野菜を入れても温度がそれほど下がらない。高温で中までやわらかく火を通すと同時に、野菜の余分な水分を蒸発させて、素材じたいのうまみを凝縮させる。だから「揚げる」という調理法で、野菜がひときわおいしくなるのです。

素揚げしたさつま芋のおやつは、ウー・ウェン流の大学芋といったところでしょうか。良質な太白ごま油で揚げますし、ミネラルたっぷりの黒みつの甘みですから、とってもヘルシー。それに大学芋よりもずっと簡単です。

にんじんの春巻き

材料（2～3人分）
にんじん　2本
下味
　粗塩　ふたつまみ
　こしょう　少々
春巻きの皮　4枚
のり
　小麦粉　大さじ½
　水　大さじ½
太白ごま油　1カップ

作り方

1　にんじんは皮をむいて、せん切りにし、粗塩、こしょうで下味をつける。春巻きの皮に等分にのせる。

2　手前から、春巻きの皮でにんじんをしっかり包む。

3　小麦粉と水を合わせてのりを作り、春巻きの巻き終わりに塗ってぴったり閉じる。

4　170℃に温めておいた油に入れる。色づいたら裏返して、きつね色にカリッと揚げる。

野菜と油は切っても切れないおいしい関係

単品の野菜だけを具にした春巻きは、わが家のオリジナル。野菜はいろいろな調味料で味つけするよりも、“塩、こしょう、油”でシンプルに食べるのが一番おいしい。野菜と油には、切っても切れないおいしい関係がある――私は、そう思うのです。

たっぷりのにんじんを詰めた春巻きは、ビタミンいっぱい。春巻きを包んでいる間に油を温めておけば効率が良いです。

中まで揚がったかどうかは、目と耳をよく働かせて確かめてください。春巻きが加熱されようと思って、一所懸命、油の熱を吸収している姿。皮の中のにんじんに火が通ると汗をかいて、白かった春巻きの皮が透明になってくる。ぱちぱちと水分が出る音もしてきた。こうなれば返しどき。春巻きを裏返すと、きれいなきつね色になっている。もう、かなり火が通っているから裏側はサッと揚げて……と、こんな具合いです。

にんじんのほか、アスパラガス、とうもろこし、いんげん、セロリ、ピーマンを単品で具にするのもおすすめです。野菜の単品春巻きを大いに楽しんでいただきたいです。

献立 16

白菜の葉と
大きな肉だんごの鍋

白菜の茎の甘酢炒め

赤米入りご飯

甘くてやわらかい葉、
ひとり1個の肉だんごがうれしい

白菜の葉と大きな肉だんごの鍋

冬

winter

白菜、大根、ほうれん草などの青菜！　冬の野菜も、何とも魅力的なラインナップです。北京では白菜のことを“看《カン》家《ジァー》菜《ツァイ》”と言って、これは「いつも家にあって、家を守る野菜」の意味。胃腸に負担がかからず、ビタミンCが豊富で、くせがないのでいろいろに調理できて、食べごたえがあるから家計にもやさしい。白菜はまさに庶民の強い味方です。1株買ってきたら、外葉は鍋やスープにして、茎は炒めものにして……と中国では食べる順番や調理法まで決まっています。むだなくおいしく食べる方法、ぜひ、知っていただきたいです。

とろ〜りとした茎の食感を味わって

白菜の茎の甘酢炒め

赤米入りご飯

白菜の葉と大きな肉だんごの鍋

材料(4人分)
白菜の葉　¼株分
鶏ひき肉　300g
A
　こしょう　少々
　酒　大さじ1
　長ねぎのみじん切り　10cm分
　しょうがのみじん切り　ひとかけ分
　しょうゆ　大さじ1½
　卵　1個
　パン粉　20g
　ごま油　大さじ1
水　1½カップ
粗塩　小さじ¼
こしょう　少々
ごま油　小さじ1

作り方

1　白菜は株元を少し切り落とし、葉を1枚ずつにする。白い茎の部分を、二等辺三角形に切り取るように切って、葉部分のみを鍋に使用(茎は甘酢炒めに→P91)。葉は縦半分に切っておく。

2　ボウルに鶏ひき肉を入れ、**A**を上から順に加えて混ぜ合わせる。4等分に分けて丸め、大きな肉だんごにする。

3　土鍋に分量の水を入れて火にかけ、煮立ったところで**2**のだんごを入れる。表面がすぐに固まるように、上から鍋の湯をかける。

4　肉だんごの表面が固まったら弱火にし、12分煮て、上に白菜の葉をのせる。

5　ふたをし、さらに2分ほど煮て、粗塩、こしょう、ごま油で味をととのえる。

白菜は葉と茎に分けて使います

わが家は家族全員、白菜が大好き。葉と茎を切り分けて、別々に食べることが多いです。そのほうが部位の良さが活きるからです。

白菜を1株（もちろん半株でも1/4株でも）買ってきたら、まずは硬い外葉を鍋かスープにして食べます。中国の鍋はスープごといただくので、水分が多い茎を入れると、スープの味が薄まってしまいます。だから鍋には、水分の少ない白菜の葉だけをよく使います。

白菜の相手は、ひとり分が、Lサイズの卵よりも大きな肉だんご（この大胆さがいいでしょう？）。これと一緒に、白菜の葉をサッとやわらかく煮たのを食べるのです。肉は肉、葉は葉のおいしさをいただく鍋料理で、仲介役が肉だんごから出たおいしいスープというわけ。体が芯から温まるメインディッシュです。寒い日には、しょうがのせん切りを添えて一緒に食べれば、さらに体がぽかぽかになる。

白菜を副菜的に使うとき、わが家でよく作るのは葉のスープです。しゃぶしゃぶ用の豚肉をサッとゆでるとだしが出るから、葉を入れて、5分もかからずに白菜の葉のスープができる。粗塩、こしょう、ごま油をたらす程度のやさしい味つけでどうぞ。こちらもおすすめです。

白菜の茎の甘酢炒め

材料(2～3人分)
白菜の茎　¼株分
太白ごま油　大さじ1
花椒《ホワジャオ》　10粒
合わせ調味料
　黒酢　大さじ1½
　はちみつ　大さじ½
　粗塩　小さじ¼
　こしょう　少々
水溶き片栗粉
　片栗粉　小さじ⅓
　水　大さじ½

作り方

1　白菜の茎は1.5cm幅のそぎ切りにする。

2　炒め鍋に太白ごま油、花椒を入れて中火にかける。香りが立ったら火を弱めて白菜の茎を入れ、茎に油をよくなじませる。

3　油が全体になじんだら、あまりさわらずに弱めの火で茎をじっくりと炒める。中まで熱くなり、汗をかいてきたら、合わせ調味料を鍋肌から加え、火を強くして煮立たせる。

4　黒酢の香りが立ったら、1回混ぜて全体に味をからめる。水溶き片栗粉を茎の上に当たるように数回に分けて加え、鍋返しをしてサッと混ぜてうまみを閉じる。

赤米入りご飯

米2合を洗い、赤米大さじ2を加えて、水2合分(360mℓ)＋大さじ1を注いで普通に炊く。白いものばかりの献立に、赤いご飯で彩りを。

茎の甘みと水分を引き出す料理

料理で、まず大事なのは材料の切り方。切り方は見た目のきれいさだけでなく、おいしさとイコールです。

白菜の茎を甘酢炒めにするときは、茎に斜めに包丁を入れてそぎ切りに。厚みが揃って火が通りやすく、味を含みやすい切り方です。シンプルな料理ですから、ここが大切。ていねいに切ってくださいね。それだけで「おいしいものを作らなきゃ」という気持ちになるでしょう。おいしく作らないと野菜に申しわけない、って。

さわらずに弱めの火でじっくり炒めると、白菜の茎が熱くなって汗をかきます。水分がじわっとにじみ出てくる。その水分と、合わせ調味料が混ざりあったうまみで、白菜の茎をやわらかくおいしく煮ていきます。最後に加える水溶き片栗粉は、うまみを含んだ水分をとじるためのもの。つまり白菜の水分まで、残さずいただける料理なのです。

この本のあちらこちらに登場する花椒《ホワジャオ》は、さわやかさ、甘さ、あたたかさを感じさせてくれる香辛料。淡泊な白菜にアクセントをつけてくれます。乾燥してほこりっぽい冬には、こうした香りのものを上手に使うことで、ふっくらとした豊かさを食卓に添えることができます。

献立 17

卵の大鉢蒸し

ほうれん草と
豚肉のからしあえ

寒い日に、ふうふう言ってスープ代わりに食べたい

卵の大鉢蒸し

主菜にもなる、人気者のあえもの

ほうれん草と豚肉のからしあえ

卵の大鉢蒸し

材料(2～3人分)
卵　3個
スープ
　鶏ガラスープの素　小さじ1
　水　2カップ
たれ
　しょうゆ　大さじ1
　黒酢　大さじ1
　ごま油　大さじ½
　こしょう　少々

作り方

1　卵をボウルに割り入れて、よくほぐす。静かに混ぜながら、泡立てないように注意してスープを注ぎ、卵をスープでのばす。

2　**1**を大鉢(耐熱の器)に流し入れる。蒸気の上がった蒸し器に入れ、ふたをし、強火で5分、弱火で10分蒸す。

3　大鉢から各自で取り分け、たれをかけていただく。

強火で5分＋弱火で10分で完成

蒸し料理は良いものです。ヘルシーで体にやさしいし、蒸気が台所や食卓をうるおしてくれるし、心がホッと温かくなるでしょう！　中国の家庭では、スープの代わりになるような、やわやわの茶碗蒸しをよく作ります。大鉢で作って、みんなで取り分けて食べるのです。

たれは酢じょうゆが定番ですが、粗塩＋ごま油、しょうがのすりおろし＋塩＋ごま油、豆板醤《トウバンジャン》＋塩＋ごま油など、お好みでどうぞ。

この卵蒸しは強火で5分＋弱火で10分。蒸している間にたれの準備などをできるから、豪華な見栄えのわりに、とてもお気軽な一品です。

ほうれん草と豚肉のからしあえ

材料(2～3人分)
ほうれん草　1束
豚ヒレ肉(かたまり)　200g
下味
- こしょう　少々
- 酒　大さじ1
- 粗塩　ひとつまみ

太白ごま油　大さじ½
たれ
- 和がらし　大さじ1
- しょうゆ　大さじ1
- 太白ごま油　大さじ1

作り方

1　鍋にたっぷりの湯を沸かし、ほうれん草を根元から入れて、やわらかくなったら葉先まで湯に入れる。色が鮮やかになったら、すぐに引き上げ、水にさらして熱をとる。水けをきり、3cm長さに切って、再び水けを絞って器に盛る。

2　豚肉は繊維にそって薄切りにし、さらに細切りにしてから下味をつける。

3　炒め鍋に太白ごま油を入れて中火で熱し、**2**を入れて、水分がなくなるまで中火でじっくり炒める。

4　ほうれん草の上に**3**をのせ、たれの材料をよく混ぜ合わせてかける。全体をあえていただく。

色鮮やか＝おいしくゆであがった証拠

ほうれん草には3つの味わい方があります。1. 葉と茎を一緒に味わう。2. 葉だけを味わう。3. 茎だけを味わう。この料理は1つめで、葉と茎を一緒にいただく中国の定番家庭料理です（2と3はP96・97でご紹介します）。

ほうれん草をゆでて、炒めた肉をのせて、たれであえて食べる……手間が多くて、めんどうな気がしますよね。でも、この料理に関しては、その手間を惜しまないでいただきたいのです。ほうれん草と肉のそれぞれのうまみが、からし入りの酢じょうゆのたれで一体化して、なんとも豊かな味わいになるのですから。

ポイントは、野菜と肉それぞれにおいしく火を通すこと。クッキングサロンの生徒さんを見ていても思うのですが、みなさんだいたい、野菜は火を通しすぎ、肉は火を通さなすぎ。ほうれん草はゆですぎると、えぐみが出て風味がよくありません。色が変わったらすぐに引き上げて、冷水で熱をとり、色止めをします。ヒレ肉は水分が飛ぶまでよく炒めて、味わいをすっきりとさせます。今回は豚肉を使いましたが、鶏むね肉のせん切りでも合います。

わが家のとっておき

ほうれん草、おいしく食べましょ！

ほうれん草の葉のごまあえ

材料(2～3人分)
ほうれん草の葉　1束分
たれ
　練りごま　大さじ1
　しょうゆ　大さじ½
　こしょう　小さじ⅕
　水　大さじ½
★水は練りごまの固さによって加減する。

作り方

1　ウー・ウェンパン+に湯を沸かし、ほうれん草の葉を1～2枚ずつ、しゃぶしゃぶのようにサッとゆでる。色が変わったら引き上げ、水にさらして水けをしっかりきる。
2　たれの材料をよく混ぜ合わせて、1をあえる。

中国版ほうれん草のおひたしです

ほうれん草には3つの味わい方があります。まず、ほうれん草と豚肉のからしあえ（P95）のように、葉と茎を一緒に食べる方法。そして、葉だけを味わう、茎だけを味わう方法です。

北京では冬になると、ほうれん草を1束買ってきて、茎と葉に分けて調理をするのが一般的。白菜の葉と茎を分けて食べる（P90・91）のと同じで、食感の違う葉と茎を、無理に一緒にしなくてもいい、ということなんですね。

葉と茎に切り分けたら、葉はサッとゆでてごまあえにします。中国人はこれが大好き。日本のほうれん草のおひたしみたいなもので、3日続けて食卓に出ても誰も文句を言わないおかずです。

葉はやわらかくて肉厚ですから、その食感を味わいたい。だから細かく切りません。ゆでれば大きいままでも食べやすいですし、青々として見た目もきれいでしょう？　葉の大きさも含めて、ほうれん草のこの食べ方は新鮮だし、ちょっとおしゃれではありませんか。

切り分けた茎ですが、こちらは炒めものにします（P97）。葉と茎を2品に分けて調理して、一緒に食卓に出します。いつものおひたしに飽きたら、こうして2品にしてみてはいかがでしょう？

ほうれん草の茎の炒めもの

材料(2～3人分)
ほうれん草の茎　1束分
豚ヒレ肉(かたまり)　300g
下味
- こしょう　少々
- 酒　大さじ½
- 塩　ひとつまみ
- 片栗粉　小さじ¼

太白ごま油　大さじ1
合わせ調味料
- しょうゆ　大さじ1
- はちみつ　小さじ1
- 酒　大さじ½
- ごま油　小さじ1

作り方

1　豚肉は繊維にそって細切りにし、下味をつけておく。

2　ほうれん草の茎は1本ずつ、5cm長さに切り揃える。

3　ウー・ウェンパン+に太白ごま油を熱し、1を入れて中火で炒める。肉から出る水分がなくなるまで、あまりさわらずにじっくり火を通す。

4　3に合わせ調味料を加え、肉に味がからんだところで、2を加えてサッと炒め合わせる。

茎は最後に加えて、食感を残します

ほうれん草の茎は、シャキッとした歯ざわりが身上。炒めものにしますが、先に豚ヒレ肉を炒めて味をつけたところへ、最後にほうれん草の茎を加えて、サッと火を通す程度の食べ方がおいしいです。

何となく、茎のほうが葉よりも格下だと思っていませんか？　その考えはなくしてください。同じ野菜なんですから、あくまでも平等に。私は茎を食べやすい長さに切るときは、めんどうでも１本ずつていねいに切って、長さがきれいに揃うようにします。こうした手のかけ方が、シンプルな料理をおいしくしてくれるのです。

献立 18

焼売

青梗菜と長ねぎのスープ

花豆の煮豆

花豆の煮豆(p109)

香ばしい炒め長ねぎが味のベース

青梗菜《チンゲンサイ》と長ねぎのスープ

お花畑のような、美しい肉料理です

焼売

青梗菜《チンゲンサイ》と長ねぎのスープ

材料(2～3人分)

- 青梗菜　2株
- 長ねぎ　½本
- 太白ごま油　大さじ1
- 水　4カップ
- 粗塩　小さじ½
- 卵黄　1個分

★焼売で使った卵白の残りを使用

作り方

1　青梗菜は葉と茎に切り分け、葉は半分長さ、茎は2cm幅の斜め切りにする。長ねぎは斜め薄切りにする。

2　鍋に太白ごま油と長ねぎを入れて火にかける。ねぎの香りが立ち、かさが半分になるまで、じっくりと弱めの中火で炒める。

3　分量の水を加え、煮立ったら青梗菜の茎と葉を入れる。再び煮立ったら粗塩で味をつけ、溶いた卵黄を流し入れる。

茎がおいしい。切り方でそれを活かします

青梗菜は茎と葉に切り分けて調理します。そのほうが食べやすいし、食感の違いを楽しめます。スープにするときは、茎をコロンとした一口大の斜め切りに。肉厚な茎の歯ざわりが活きるし、食卓に変化がついて家族に喜ばれます。

このスープも私が得意な“だしいらず”。香ばしく焼いた長ねぎに“うまみ”を出してもらいます。焼売で卵白を使った残りの卵黄を最後に流し入れていますが、青梗菜のスープを単品で作るときは卵はなしでもOKです。

焼売

材料(24個分)

皮

- 薄力粉　100g
- 熱湯　70mℓ

あん

- 牛ひき肉　200g
- 豚こま切れ肉　200g
- 粗びき黒こしょう(P108)　15粒分
- 酒　大さじ1
- しょうゆ　大さじ1
- 粗塩　小さじ⅕

A

- 卵白　1個分
- 片栗粉　大さじ2

ごま油　小さじ1

玉ねぎのみじん切り　½個分

作り方

1　焼き餃子(P56～57)と同様に、薄力粉と熱湯を合わせて生地を作り、直径10cmの円形にのばして皮を作る。

2　あんを作る。豚肉を包丁で粗くきざみ、牛ひき肉と合わせる。

3　**2**に粗びき黒こしょう、酒、しょうゆ、粗塩の順に加え、そのつど箸で混ぜる。よく混ぜ合わせた**A**を加え混ぜる。

4　ごま油で香りをつけ、玉ねぎを加えて混ぜる。

5　皮であんを包み、蒸し紙を敷いた蒸し器のトレーに並べる。蒸気の上がった鍋にのせ、12分蒸す。

焼売の包み方

1 直径10cmにのばした皮を左手の上にのせ、あんを大さじ1杯強すくって、皮の中心にのせる。

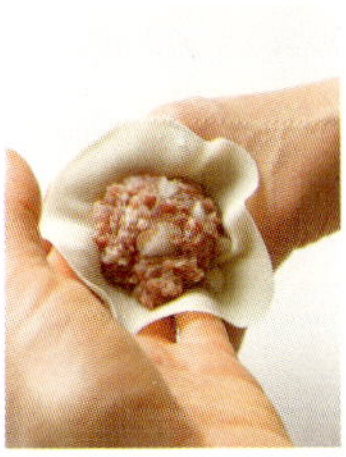

2 コップを握るように丸めた右手で、左手から生地を受け取る。

3 丸めた指の中に生地を落とすようにして軽く握る。

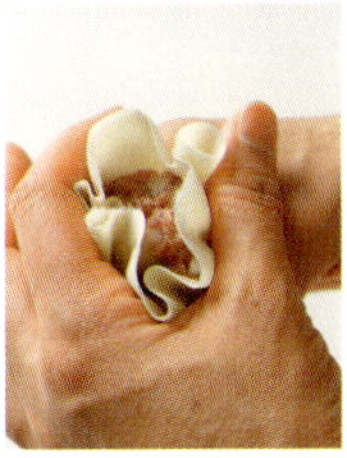

4 左手で皮の口をおさえながら受け、指で作った輪の中に生地を落とすようにして軽く握る。

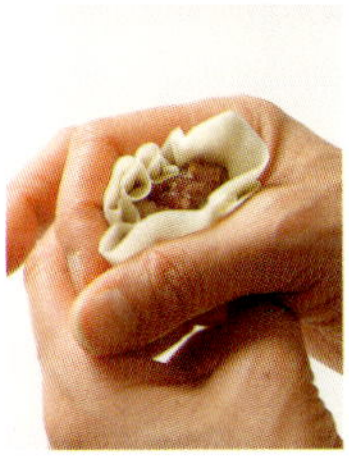

5 再び右手で、皮を寄せるように受け取りながら、焼売の筒形を形作る。

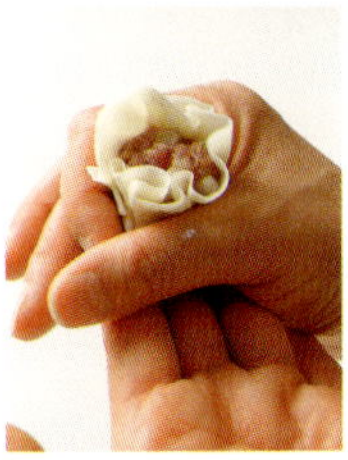

6 口をキュッと絞って巾着形にする。

7 お尻をトントンとやさしくたたいて、形を整え、平らになったら包み終わり。

“おいしい肉を包んだ花”を作る感覚です

見てください、きれいでしょう！ 中国で焼売といえば、小麦粉料理の中でも美しいものです。薄い皮の花びらを作って、それで肉を包んで、お花畑のように蒸し上げるのが本来の焼売なのです。

皮はやっぱり手作りが格別。焼き餃子(P56〜57)と同じ生地でOK。直径10cmの薄めにのばしてあんを包みます。

あんは合いびき肉を使いますが、脂の多い肉では、皮とあんが分離しやすい。赤身の多い豚こま切れ肉を買ってきて、自分でたたいて粗みじんにし、牛ひき肉と混ぜることをおすすめします。こうすると肉の存在感が残って、断然おいしくなります。

味つけはシンプルに。調味料や香辛料が入れば入るほど、調味料どうしがケンカをして、肉のうまみを感じにくくなってしまう。牛肉によく合う黒こしょう、空気を含んでふっくらさせてくれる卵白、香りづけのわずかなごま油、必要最低限のものを効果的に使いましょう。

皮であんを包むときは、コップを握るように丸めた左右の指で交互に受けながら、指で作った輪の中に生地をしっかりと詰めていくようなつもりで。最初にも言ったように焼売は花です。皮がひらひらと肉の上に出ていないと、焼売とは言えないのです。

献立 19

豚の角煮

れんこんと
しょうがのスープ

はと麦入りご飯

はと麦入りご飯

こってり味のやわらかい肉。
家族全員大好きだから、おいしく作りたい
豚の角煮

母が作ってくれた思い出の味。
体が芯から温まる
れんこんとしょうがのスープ

豚の角煮

材料(作りやすい量)
豚バラ肉(かたまり)　500g
しょうが　2かけ
長ねぎ　10cm
八角　2個
酒　1カップ
黒酢　大さじ½
黒糖　大さじ1
しょうゆ　大さじ2

作り方

1　豚肉は大きめの一口大に切る。しょうが、長ねぎはそれぞれぶつ切りにする。

2　厚手の鍋に油をひかずに豚肉を入れて、弱めの中火にかける。表面が白くなるまで箸で返しながら焼く。

3　**2**に酒と八角を加え、酒がグツグツしてきたら黒酢を加える。

4　**1**のしょうが、長ねぎを加え、煮立ったらふたをして弱火で30分煮る。

5　黒糖、しょうゆを加えて、さらに15分煮る。
★水分が残ったら火を強めててりを出しながら、肉に味をからめるように煮る。

はと麦入りご飯

はと麦大さじ2をしっかり洗って鍋に入れ、水2合分(360mℓ)+大さじ2を入れてひと晩おく。米2合を洗って加え、普通に炊きあげる。はと麦には体内の毒を取り、肌をきれいにしてくれる効果が。つけ汁も栄養価が高いので、つけ汁ごと炊くのがポイント。

少ない煮汁でふっくらと煮て、味をからめます

豚肉のおいしさは脂の香りにあります。角煮は脂身の多いバラ肉で作るのがおいしい。

煮る前に表面を焼いてうまみを閉じ込めますが、脂の多い部位ですから、鍋に油をひく必要はありません。また、「肉の表面を焼きつける」といっても、「弱火でじわじわと焼く」のが正解です。

煮るときの水分は、1カップの酒だけ。酒のうまみに、肉をやわらかくすると同時にうまみ調味料でもある黒酢を加えて、ふっくらとおいしく豚肉を煮ていきます。

甘みづけは黒糖で。あるいははちみつでも構いません。どうせ食べるなら、ミネラルなどの体に良い栄養分を含んでいて、甘みだけでなく料理にコクも与えてくれる糖分のほうが良い、と思うのです。作り手のこういう想いを込められるのが、家庭料理の醍醐味ではないでしょうか。

れんこんとしょうがのスープ

材料(2～3人分)
れんこん　250g
しょうが　50g
水　4カップ
鶏ガラスープの素　小さじ1
粗塩　小さじ½
こしょう　少々
ごま油　小さじ1

作り方

1　れんこんは皮をむき、大きめの乱切りにしてポリ袋に入れ、麺棒などで軽くたたいてくずす。
2　しょうがは皮つきのまま、大きめの乱切りにしてポリ袋に入れ、軽くたたいてくずす。
3　鍋に**1**、**2**、水、鶏ガラスープの素を入れて火にかける。煮立ったら弱火にしてふたをし、20分煮る。

4　野菜のエキスがよく出たら粗塩で味をつけ、こしょう、ごま油で風味づけをして仕上げる。

体に良くておいしい野菜のエキスを煮出す

体を温めるしょうがの効能はよく知られていますが、冷えは万病の元であると考える中国でも、しょうがはとても大切な香味野菜です。一方のれんこんはのどに良い野菜といわれていますので、このスープは風邪の予防の特効薬というわけ。もうずいぶん昔の話（？）になりますが、私が大学を受験する際に、風邪をひかないようにと、母が毎晩これを作って飲ませてくれたものです。

れんこんもしょうがも、乱切りにしてからポリ袋に入れて、上からトントンとたたいて繊維をくずします。こうしてから煮ることで、スープに野菜のエキスが出やすくなります。野菜ばかりで淡泊ですので、鶏ガラスープの素をほんの少し加えて、うまみを補い、仕上げにごま油で風味をつけて召し上がれ。ねっ、体が芯からぽかぽか温まるでしょう？

スープ上手になりましょう

だしいらずだったり、スープの素をほんの少し使った簡単な汁ものがあると、献立らしくなります。栄養や味のバランスをとるのにも便利なスープを、もう一品ご紹介。発酵食品のしょうゆをジュッと焦がせば、それが“だし”になるのです。水きりしない豆腐から出る水分も“うまみ”です。

焦がししょうゆスープ

材料(2～3人分)
絹ごし豆腐　1丁
にんにく　2かけ
太白ごま油　大さじ1
しょうゆ　大さじ2
水　3½カップ
水溶き片栗粉
　片栗粉　大さじ1
　水　大さじ2

作り方

1　鍋に油とたたきつぶしたにんにくを入れて火にかけ、香りが立ったらしょうゆを入れて煮立たせる。

2　水を加え、豆腐を丸ごと入れて箸で食べやすくほぐす。
3　煮立ったら、さらに5分煮て、水溶き片栗粉でとろみをつける。

献立 20

鶏と大根の無水煮

ブロッコリーの
にんにくしょうゆあえ

花豆の煮豆

鶏のうまみを吸ったほっくり大根！

鶏と大根の無水煮

甘みを入れずに煮た常備菜、
箸が止まらないおいしさ
花豆の煮豆

メインに負けない、コクのある一品
ブロッコリーのにんにくしょうゆあえ

鶏と大根の無水煮

材料(2～3人分)
鶏もも肉　1枚
大根　500g
粗びき黒こしょう　10粒分
粗塩　小さじ½
酒　大さじ3

作り方

1　鶏肉は大きめの一口大に切る。大根は皮をむき、乱切りにする。

2　無水煮のできる鍋に鶏肉を皮側から入れ、弱めの中火で焼く。脂が出てきたら返す。

3　大根を加えて、粗びき黒こしょう、粗塩、酒をふる。

4　酒が蒸気になったら弱火にして、ふたをして20分蒸し煮にする。

大根の水分だけでふっくら煮込みます

旬のみずみずしい大根の水分だけで煮込みます。油も不要。だって鶏肉の皮から、天然のおいしい脂が出るのですから、これを大根に吸っていただきましょう。とろりとやわらかく煮えた大根、冬の最高の美味です。

栄養バツグンの無水煮料理は、熱伝導と密閉度の高い鍋で作ります。火にかけておきさえすればいいのでラクですし、素材のうまみが引き出されるので、ほんの少しの調味料でおいしく食べられてヘルシー。育ち盛りの若い人にも、年配の方にも喜ばれる料理だと思います。

粗びき黒こしょう

私はいつも、こしょうは使うときに自分でつぶしています。あらかじめひいてあるこしょうを使うのと、香りが違います。こういう、ちょっとした手間をかけることで、家庭料理はいきいきとしたものになると思うのです。

1　粒の黒こしょうを使う分だけ、キッチンペーパーの中央にのせる。

2　ペーパーを半分に折り、両手で上からしっかり押さえて、こしょうが飛び出ないようにする。

3　麺棒などで上からトントンたたき、好みの粗さにつぶす。

4　写真のようにつぶれればOK。香り高い粗びき黒こしょうのできあがり。

ブロッコリーのにんにくしょうゆあえ

材料(2～3人分)
ブロッコリー　1個
太白ごま油　大さじ1
にんにく　2かけ
赤唐辛子　1本
しょうゆ　大さじ1

作り方
1　ブロッコリーは花蕾のすぐ下まで茎を切り落とし、一口大に均等に切り分ける。茎は固いところや皮をのぞき、一口大に食べやすく切る。にんにくは薄切りにする。
2　鍋に湯を沸かし、ブロッコリーを固ゆでにする。水にさらし、水けをきってボウルに入れる。
3　炒め鍋に太白ごま油、にんにくを入れて弱火にかけ、にんにくがカリッとするまで炒める。粗くちぎった赤唐辛子(種も)を加え、香りが立ったらしょうゆを入れて煮立たせ、**2**にジャッとかけてあえる。

花豆の煮豆

材料(作りやすい量)
紫花豆　300g
水　3カップ
八角　1粒
花椒《ホワジャオ》　15粒
粗塩　小さじ1
ごま油　大さじ1

作り方
1　紫花豆はたっぷりの水(分量外)につけて1日おき、ゆっくりもどす。
2　水けをきった豆を鍋に入れ、分量の水、八角、花椒を加え火にかけ、煮立ったら弱火にして40分煮る。
3　粗塩で味をつけ、さらに5分ほど煮て火を止める。そのままおいて、粗熱がとれたらごま油を加えて冷ます。ふたつきの容器に入れ、冷蔵庫で1週間ぐらい保存可能。

コリッと歯ごたえの残る固ゆでで

ブロッコリーの食べ方、マンネリになっていませんか？あえものでも、にんにく唐辛子オイルしょうゆをからめると、野菜と思えぬコクが出て、これだけでご飯が食べられるほど。

コリッとした食感が残るように、ブロッコリーを固めにゆでるのがコツです。

ソースはにんにくが焦げやすいので注意してください。弱火でじゅくじゅくとにんにくの香りを太白ごま油に移し、にんにくがカリッとしてきたら唐辛子を加えます。火の前から離れずに、じっと鍋中を見て“頃合い”をとらえましょう。

乾物は時間をかけてゆっくりもどす

これはわが家の人気常備菜。たんぱく質も食物繊維も多い豆は、甘みをつけずにうっすらと塩味で煮て、朝食、お弁当、夕食の区別なく、気がついたときに出してちょこちょこと食べるんです。飽きずに食べ続けられることがとても大事です。

豆に限らず、乾物は食物を乾燥させたもの。それをやわらかくもどして食べるには、乾物になるために要したのと同じだけの“もどし時間”をかける——そのぐらいの気持ちでいたほうが良い。たっぷりの時間をかけて、あせらずゆっくりじっくりもどすのが、乾物をおいしくいただく秘訣です。

索引

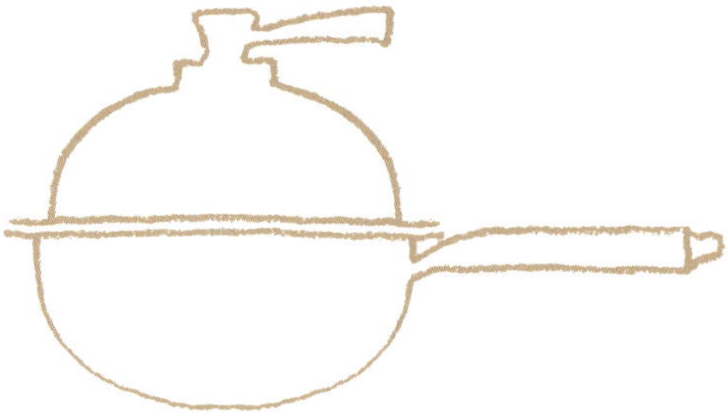

ウー・ウェンパン+で作る料理

蒸す

さわらのウーロン茶蒸し　19・21
キャベツの甘酢あえ　23・25
蒸し豚　26・28
蒸し鶏　30
棒々鶏　30
叉焼肉　32・34
春野菜の蒸しもの　33・34
じゃがバタ　36
ウー家のポテトサラダ　36
ウー家のかぼちゃサラダ　37
かぼちゃサラダサンド　37
冷凍ご飯　81
卵の大鉢蒸し　92・94
焼売　99・100・101

焼く

長ねぎの卵焼き　27・29
セロリの葉の卵焼き　31
トマトと豚スペアリブの煮込み　46・48
焼き餃子　53・55
鶏と大根の無水煮　106・108

炒める

キャベツの回鍋肉　15・16
たけのことそら豆の炒めもの　18・20
麻婆豆腐　22・24
えびチリ　38・40
いんげんの炒めもの　39・41
青椒肉絲　42・44
担々麺　58・60
フルーツトマトのスパゲティ　62
シンプル焼きそば　63
いろいろきのこの黒酢炒め　64・66
牛肉のカリカリ炒め　65・67
なすのシンプル炒め　73・75
卵炒飯　77・79・80・81
白菜の茎の甘酢炒め　89・91
ほうれん草と豚肉のからしあえ　93・95
ほうれん草の茎の炒めもの　97

ゆでる

キャベツの回鍋肉(キャベツをゆでる)　15・16
キャベツの回鍋肉(豚肉をゆでる)　15・16
えびチリ(トマトの湯むき)　38・40
えびチリ(えびをゆでる)　38・40
担々麺　58・60
フルーツトマトのスパゲティ　62
小松菜と松の実のあえもの　69・71
ほうれん草と豚肉のからしあえ　93・95
ほうれん草の葉のごまあえ　96
ブロッコリーのにんにくしょうゆあえ　107・109

煮る

新玉ねぎのシンプル煮　15・17
麻婆豆腐　22・24
叉焼肉　32・34
えびチリ　38・40
北京酢豚　72・74

★料理名に続く数字は原則として、前が写真・後ろがレシピを掲載したページです。

揚げる

北京酢豚　72・74
油淋鶏　82・84
ウー家の大学芋風　86
にんじんの春巻き　87

無水煮料理

トマトと豚スペアリブの煮込み　46・48
厚揚げとパプリカの無水煮　50
レタス丸ごと1個のオイスターソース煮　51
かぼちゃのごままぶし　83・85
鶏と大根の無水煮　106・108

煮鍋で作る料理

きび入りご飯　4・14
きのこ鍋　68・70
白菜の葉と大きな肉だんごの鍋　88・90
豚の角煮　102・104

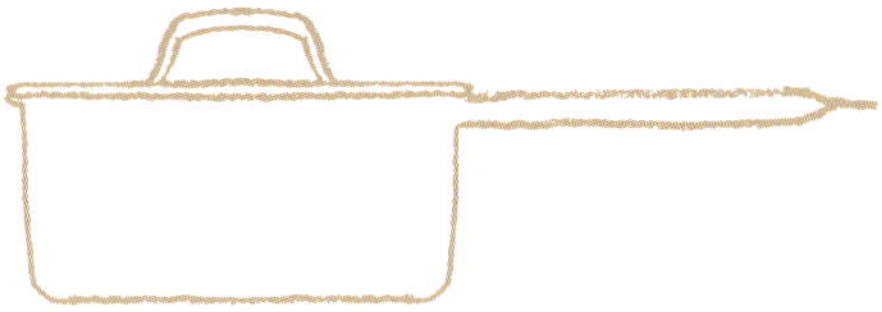

湯鍋で作るスープ

卵と岩のりのスープ　15・17
たけのことあさりのスープ　23・25
ザーサイのスープ　39・41
レタスのスープ　43・45
なすとみょうがのスープ　47・49
とうもろこしと卵のスープ　52・54
冬瓜のスープ　59・61
じゃが芋のスープ　65・66
わかめのみそスープ　73・75
長芋のすりおろしスープ　76・78
青梗菜と長ねぎのスープ　98・100
れんこんとしょうがのスープ　103・105
焦がししょうゆスープ　105

ご飯

きび入りご飯　4・14
押し麦入りご飯　46・48
黒米入りご飯　65・67
発芽玄米ご飯　73・75
赤米入りご飯　89・91
はと麦入りご飯　102・104

調味料／香辛料

花椒粉　24
自家製ラー油　28
ねぎ油　36
粗びき黒こしょう　108

毎日毎食、フル活躍のウー・ウェンパン⁺。
誰ですか、ウー・ウェンと同じように
「年季が入っている」なんて言うのは!?
大丈夫。
鍋も私も頑丈にできていますので、まだまだ働きますよ！

ウー・ウェン

中国・北京に生まれ育つ。1990年に来日し、アートディレクターの日本人の夫との間に長女 ・長男をもうける。家族のために愛情込めて作っていた家庭料理が評判を呼び、料理研究家の道を歩み始める。東京と北京でクッキングサロンを主宰。料理のみならず、中国の文化や暮らしの知恵を幅広く紹介。日中交流の架け橋となるべく、日々奔走中。『ウー・ウェンの北京小麦粉料理』『ウー・ウェンの太白＆太香ごま油でもっとおいしく』（高橋書店）、『ウー・ウェンの野菜料理は切り方で決まり！』（文化出版局）、『ウー・ウェン流おかず 2品のお弁当』（講談社） など著書多数。少ない品数の材料、少ない調味料、少ない道具で作るシンプルでヘルシーでおいしい家庭料理が得意。「人の健康と幸せは、家庭料理の力が作る」、そう信じている。

ウー・ウェンクッキングサロン
TEL 03-3447-6171
E-mail lin-wu@ii.em-net.jp

協力　北陸アルミニウム株式会社
〒933-0393 富山県高岡市笹川2265
ホームページ
http://www2.hokua.com/
http://www.wu-wen.com/

ブックデザイン: 若山嘉代子 L'espace
写真: 三木麻奈
スタイリング: 千葉美枝子
編集: 白江亜古
企画・プロデュース: 高橋インターナショナル
料理制作アシスタント: 伊豆田頼子　田中憲子　中村明美
浅井美和子　常峰ゆう子　四ツ井明江

ウー・ウェンさんちの定番献立

家庭料理が教えてくれる大切なこと

著者　ウー・ウェン
発行者　高橋秀雄
発行所　高橋書店
〒112-0013　東京都文京区音羽1-26-1
編集　TEL 03-3943-4529　FAX 03-3943-4047
販売　TEL 03-3943-4525　FAX 03-3943-6591
振替　00110-0-350650
http://www.takahashishoten.co.jp/
ISBN978-4-471-40049-1